U0018547

塔羅牌陣全書

活用76種牌陣，解讀能力大升級

Tarot Spreads

Layouts & Techniques
to Empower Your Readings

芭芭拉·摩爾 Barbara Moore —— 著

Sada —— 譯

特別感謝凱蒂‧麥可伯萊爾（Katie McBrien）
和艾咪‧葛拉瑟（Amy Glaser）的遠見與鼓勵，
以及貝琪（Becky）一如既往地腦力激盪。
有時候就是需要智囊團。

獻給麗莎（Lisa），畢竟這是她的主意！

目錄

牌陣索引

【譯者序】

你也可以一手掌握塔羅的架構

　　當橡實出版社找我翻譯這本書的時候，我發現自己的
kindle書櫃也躺著這本書，只是一直都沒翻開來讀，內心不由
覺得汗顏，看來這是天意，我橫豎都得讀完這本書了，爲什麼
呢？這本書可是經典塔羅之作，它解構了塔羅牌陣的奧祕，而
且，它還很好讀！

　　這本書搭配豐富的牌陣插圖和解說，先從基本的牌陣視覺
原理說起，幫助讀者了解塔羅與直覺之間的關係，對於想要一
窺堂奧的塔羅新手而言，可以輕易掌握牌陣的原理；對於職業
占卜師來說，則是可以藉由本書的原則，來創造出更適合自己
習慣的牌陣。

　　剛開始學習塔羅的時候，我很難理解除了牌陣外，隨意抽
牌的解析法是怎麼做的，這算隨意嗎？身爲新手就是怕解錯
啊！想當初我是小白，還會問朋友可不可以翻書查閱，現在想
想，過去的我未免太過擔憂了，如果當時已經有這本書的話，
我可以少走許多冤枉路。

　　十分感謝我的卡巴拉老師Dolphin和資深塔羅教師岑嶽，在翻譯本書時給予的建議與分享，我才能讓讀者用最好懂的方式了解塔羅的奧祕。據說本書作者芭芭拉的課程在大陸也是廣受歡迎的，我們能有幸拜讀本書中文版真是幸運。

關於本書的七十八張牌陣

　　最初的塔羅跟撲克牌有點像，但塔羅牌陣真的是看各家大師說法決定，沒有一定標準，而本書除了經典的賽爾特十字牌陣、幸運馬蹄鐵牌陣、三張牌牌陣，還加上了罕見的牌陣。以前的塔羅牌數量不一定是七十八張，後來經過了神祕學專家制定，才通常以七十八張為準，也因此牌陣有瑕疵、張數不對等的情況所在多有。

　　哈！所以那種隨意解牌的情況真的存在囉？但是你得先了解基本結構才可以自由發揮了。

　　其中最吸引我注意的就是七十八張牌都用上的牌陣，作者甚至為此開闢了單獨的章節來解析，搭配好幾張插圖。不過，我竟然翻譯完整章還是狀況外，不懂為什麼及如何用光七十八張牌，只好向Dolphin和岑嶽求救了。

　　首先要說明的是，這個牌陣很少會用到，可惜英文原著沒

有辦法把全部牌的位置都畫進插圖。如果要發牌，您需要一張很大的桌子，最好也有一本筆記本，免得日後查閱想不起來當初是怎麼排列的。

至於這個牌陣的功效是什麼呢？就是對未來有比較明確的方向感，但這要看塔羅占卜師的解讀習慣與功力，這個牌陣還是相當仰賴直覺反應的。但是，這個牌陣的準確度並不會比較小的牌陣要高，頂多讓個案覺得你很厲害吧！（要藉此抬高收費也是可以啦！）

什麼樣的牌陣技巧最適合新手呢？

可以用來炫技的七十八張牌陣或稀奇古怪的老牌陣，可能會使資深的塔羅占卜師躍躍欲試。然而對於新手小白來說，本書的牌陣繁多，該用什麼牌陣最好？我個人沒有用超多張牌來解讀的習慣，簡單的三張牌牌陣、賽爾特十字牌陣和自己常常遇上的跟蹤者牌（參見第238頁），其實已經很夠用了。我也會運用作者推薦的底牌、補充牌技巧去增添三張牌牌陣的詮釋。

簡言之，看占卜師是要複雜化自己的問題，還是要快狠準問出一個結果。對於初學者來說，簡單、張數少於十二張的牌

陣都可以優先考慮，等到對於塔羅牌有一定的熟練度和個案回
饋後，再來挑戰需要更多張牌的牌陣，對自己的功力會更有自
信。

　　本書作者已經整理出一套精準而精要的牌陣祕訣，接下來
就等各位大展身手了。請好好享受解牌的樂趣吧！

【導讀】
歡迎踏上塔羅牌陣之旅

在踏上塔羅牌之旅的初期，我很幸運能與瑞秋·波拉克（Rachel Pollack）進行個人解讀。瑞秋是一些最受歡迎的塔羅牌書籍的作者，其中包括《七十八度的智慧》（*Seventy-Eight Degrees of Wisdom*）和《塔羅牌的智慧》（*Tarot Wisdom*）。在大部分的塔羅圈裡，她都是一個傳奇人物，是將塔羅牌現代化的人之一。她曾經是我的英雄，現在仍是。我滿懷欣喜地抓住第一次與她見面的機會。我們坐下來，她讓我聊聊我想要解讀的情境——不是「你的問題是什麼？」，而是「談談這個情況」。

我說話的時候，瑞秋草草地在一張小紙條上記下幾句。當我停止說話時，她繼續在那張紙條上做著奇怪的記號。當她滿意之後，她給我看看那張紙，說道：「這就是我要幫你做解讀用的牌陣。」瑞秋繼續向我解釋，問我覺得這樣行不行。

我想她不曉得當我的聲音冷靜下來，心平氣和地說「當然，那看起來很棒」時，我的腦子正以三種截然不同的方式爆

炸了。**嘿，她不能只給我一個牌陣啊！嘿，她為我弄了一個專屬的牌陣哪！老天爺！瑞秋‧波拉克正要幫我解讀耶！**僅僅三言兩語，我的世界就改變了。在瑞秋不知情的情況下，她打開了一扇門，通向一個我從來不曉得的世界──創造牌陣的宇宙。我的心怦怦直跳，對自由、架構、創意、模式和可能性的承諾，在我的靈魂裡奔流，彷彿血液在我的血管中流動一樣。我心想：「是的，這才是我的歸宿。」

　　當我剛開始學習塔羅時，市面上還沒有太多牌陣書，能買到的都是一些牌陣選集，沒有解釋也沒有說明。我有好多疑問：為什麼要這樣擺牌陣？當牌以垂直方向擺放位置，那是什麼意思？幹麼要交叉疊牌，那樣不是很難看清楚嗎？為什麼不乾脆一直線排列就好呢？幹麼一定要有個陣形，是因為好玩，還是有別的理由呢？我相信牌陣是特別的，甚至在某種程度上是神聖的，我想要像理解塔羅牌那樣徹底地理解牌陣。回到一九九〇年時，網路還不是現在這樣子，所以線上社群、部落格和網站還不是學習或交流想法的選項。我僅有的就是書本和對於理解的渴望。我與瑞秋在一起的經驗開啟了許多可能性，並溫柔的推動我開始探索牌陣與設計自己牌陣的需求。

　　直到今天，創造牌陣是我在自己的塔羅工作上最喜歡的一

部分。人們往往喜歡做自己擅長的事情，而我似乎有創造牌陣的天分。此外，我喜歡塔羅的一個原因就是尋求模板。牌陣是創造模板這個過程的一部分。它們也會在給出答案時發揮作用。我喜歡分析問題，找出解答的最佳之道。創造牌陣也提供了一個創造性的機會。讀完這本書，或許你會發現自己對於創造牌陣的喜愛之情。然而，即使你從來沒有在你的生活中創造過牌陣，或是嘗試過一、兩次後判定這不適合你，了解設計它們的方法仍是有好處的。牌陣是每個占卜師使用的工具，而且任何工匠或是職人都可以證明，你愈是了解工具的功能，你在使用時就會愈熟練。沒有哪一種牌陣是包山包海的，所有的牌陣都有其先天的優缺點。一旦你學會認識任何你考慮使用的牌陣的優缺點，你就能知道該如何善用它，如此一來，你就會更清楚地了解到你需要調整或修改哪些部分才能獲得特定的結果。你會有信心以嶄新且截然不同的方式來使用牌陣，而這也許會帶來驚人的效果。如果你希望的話，你可以創造自己的有效牌陣。

在我們進入塔羅牌的奇妙世界並開始這段旅程時，要先考察塔羅牌在解讀牌陣中的作用。當我們確定了牌陣作用的重要性後，就可以討論牌陣設計如何藉由動人的詮釋來影響解讀。

你要注意牌陣設計如何影響眼睛與大腦，這將為你的解讀方式帶來嶄新的理解水準。

一本關於牌陣的書，要是沒有一堆牌陣就稱不上完整。我會給你大量的範例和變化牌陣，這樣你就有很多資料可以去實戰、運用或是改編。或許有些牌陣會讓你說：「呸！這也配叫牌陣？我可以做得更讚……」要是這樣，你就去做吧！只要你能從解讀中獲得樂趣，並得到你想要的結果，你就創造了牌陣設計的世界。

本書中除了各式各樣的牌陣外，還有一些方法可以讓你的解讀經驗更獨一無二。藉由將一些特殊技巧融入到解讀中，你可以加強解讀的深度和精準度，甚至能夠增加你解讀的神祕感與樂趣。試試這些方法，把它們和你自己的解讀風格結合搭配起來。

學習牌陣的每個環節，看看這些部分是如何一起運作的，這可以讓你有信心去改編任何牌陣，也會為你創造自己的牌陣奠定良好的基礎。我們將逐步藉由分析和改編經典的牌陣展開學習之旅。一旦你已經微調了一個經典牌陣，你就準備好去嘗試親手創造自己的牌陣了。我們將會一起經歷這個過程，從頭開始創造一個牌陣。

　　願你在這趟驚人的牌陣世界之旅中，和我一樣興高采烈又
心滿意足。

1

塔羅牌陣的基礎

　　解讀是個大陣仗，而創造那個大陣仗需要一些工具和參與者。首先必須有占卜師和提問者。當然，占卜師就是解讀牌的人，提問者（有時也稱為求道者或客戶）就是提出問題的人。若有人是為自己做解讀，那麼此人即是占卜師兼提問者。如果解讀者為一對夫妻、生意夥伴或是任何兩位以上的一群人做解讀，那麼接收解讀結果的人就跟提問者的數量一樣多。

　　提問者（querent）這個字來自拉丁文，意思是「打聽」。所以，解讀所需的下一個項目就是要打聽某事，也就是提問。這很合理。在塔羅社群裡，提問在解讀中的重要性爭論不斷，意見打從範疇的一端（亦即提問的措辭非常重要，這將明顯影響所接收到的答案），到範疇的另一端（亦即措辭無關緊要，因為無論怎麼用字遣詞，牌都會給出必須的答案）。一些偏愛無秩序狀態的占卜師甚至覺得提問乃是多餘。「只要把牌扔出去，然後解讀就好！那些牌會告訴你，你需要知道的一切。」身為占卜師，你可能已經想過你偏愛哪種提問。塔羅之所以成為如此美妙的利器，是因為你可以根據你自身的品味和信念來調整它。

　　無論你是在提問措辭範疇的哪一邊，無論你是精心設計提問，抑或沒有說出來，你都提出了問題。即使一個塔羅無

政府主義者只是扔出幾張牌（你甚至都能想得出來沒用上牌陣！），也會有隱含的提問，那就是：「塔羅牌想說什麼？」無論你問什麼問題，或者不提問，本書中都會有你可以使用或改編的牌陣和技巧。

假設你要解讀塔羅，那麼你會需要一副塔羅牌。塔羅牌是許多人對塔羅有興趣的原因之一。到目前為止，你可能至少有一副牌，不然就是已經有很多副牌。讓我在此釐清一點：你所需要的一切就是一副可以解讀塔羅的牌。就這樣。然而，如果你喜愛塔羅牌藝術並享受蒐集牌卡，那麼你可以使用一些方法將兩副或多副牌併用在解讀上。也許你有幾副絕美無比的大阿爾克納牌，而你不在乎小阿爾克納牌，因為它們沒有插圖（這也被稱為馬賽風格）。在解讀時也有僅僅使用大牌的傑出方法。你最喜歡的牌有好幾種版本嗎？有些藝術家生產並販售他們的特別版牌卡，然後出版社會發行同一副牌的大眾普及版；或者你可能擁有傳統的偉特牌（RWS）牌組以及眾多改編版之一，例如粉彩版偉特牌或普及版偉特牌。我們將在第四章討論如何將它們結合在一起。

當你選一副牌用在牌陣或技巧上，或是考慮買新的牌，請考慮一下：對於更大的牌陣，或者是關注於牌卡間關係的牌

陣，一副數字和花色易於解讀辨認的牌，一眼看過去很容易就被視為是更好的選擇。此外，這些牌上的圖像和符號清晰到足以迅速辨別，這使得較大的牌陣不再那麼令人生畏了。更重要的是，這些圖像意味著你可以更輕易地看出這些牌之間的關聯與趨勢，這樣你就能將這些牌結合成條理分明的解讀了。帶有令人驚歎的細節和微妙的意象精心製作的牌，通常更適合較小的牌陣。當你在探索這些牌陣和技巧時，注意到你如何運用你的牌。你很快便會明白，你收藏的牌當中，哪些最適合用在特殊牌陣上。

我們了解占卜師、提問者、問題與牌組的角色，但是準確地說，牌陣在解讀中扮演什麼角色呢？

解牌同時需要我們的直覺和邏輯。這些圖像和符號跟我們的潛意識對話，從而架起一座橋梁，使我們的意識能夠理解並掌握我們每個人內在的智慧。當我們從我們的潛意識（或來自神性、宇宙或高我，因為這個源頭有許多稱謂，用你覺得最自在的就好）認出訊息，我們便認為這是直觀的，甚至是通靈狀態。我們的潛意識和表意識像團隊般合作無間。潛意識充滿了資訊，表意識必須組織這些資訊，以便能幫助我們。

塔羅牌就像是潛意識，充滿了我們不知道自己已經擁有的

靈感與智慧。塔羅牌陣則像是表意識，幫忙組織所有由塔羅牌觸發的原始數據，這樣我們就可以解釋它，並將它恰當地應用到問題的情境當中。

我們的表意識是設計來觀察這世界的模式的。當我們注視新事物，我們的眼睛會試著找出它與我們過去看到的事物之間的相似處，這樣我們就可以對我們正在經歷的事物進行分類和理解。這是牌陣提供的第一個、也是最基礎的服務──結構。牌陣的形狀、牌的數字和模式一起運作，讓我們的眼睛和頭腦能有個起點開始解讀。從這個基礎上，我們在解讀時構建了牌與牌之間的詮釋和關係，這樣我們便能把一切整合成一個連貫的訊息。要是沒有某種形式的牌陣，桌面將充滿混亂，使得我們更加難以了解並傳遞答案。

牌陣的工作並不僅僅是提供視覺與心理上的結構，它還為答案創造了一個框架。這個部分是透過牌所在位置的定義完成的。位置定義，是針對牌在特定位置上的意義或敘述。下頁簡單的三張牌牌陣中，第一個位置的牌代表過去，第二個位置的牌代表現在，第三個位置的牌代表未來。這些位置的意義，會與實際的塔羅牌詮釋以及提出的問題，創造出特定解讀的意涵。

過去—現在—未來牌陣

　　即使是沒有位置定義的牌陣，仍會為答案創建出框架。正如我們將看到的，牌的分組方式將會影響到如何解讀它們。

　　沒有一個牌陣會具足一切資訊，以包羅萬象的資訊告終。所有的牌陣都有與生俱來的優缺點。當你在考慮使用任何牌陣時，要注意它對問題的假設和任何可能的答案。所有牌陣都對提問和答案做了假設，例如為了比較兩個選擇而設計的「選擇牌陣」，便做出了幾種假設。

選擇牌陣

1：提問者對選擇的態度

2、4、6：選擇A

3、5、7：選擇B

假設一：選擇A和選擇B至少有三個可以比較的重點。因為這些代表每個選擇的重點是垂直排列的，視覺上的假設即為牌2和牌3、牌4和牌5、牌6和牌7以某種方式息息相關。

假設二：至少有三個重點（或三個主要的重點）用來考量每一個選項。有三個位置，所以必然有三個分歧的點要思考——不多也不少。

假設三：只有兩個選擇。即使把牌陣改為三個或更多的選項，也會假設提問者知道所有可用的選擇。

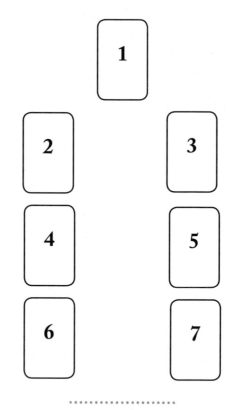

牌陣 1：選擇牌陣

　　這些假設對占卜師或提問者可能是重要的，抑或無關緊要。它們可能是完全可以被接受又合理的。但身為一個訓練有素的塔羅占卜師，你應該意識到任何你所使用的牌陣皆有其侷限。如果你希望的話，你可以改編牌陣，或是透過一系列的牌陣來配合這個侷限，我們將會在後面討論兩個實際的方法。

讓我們花點時間看一下牌陣帶來的好處以及原本的假設前提。首先，這種牌陣的框架表述了提問者的意見或態度，這在選擇時扮演了重要的角色。其次，它讓占卜師可以透過一口氣解讀欄位來輕鬆瀏覽兩種選項，並且清楚地比較和對照這兩個類似的選擇。最後，它鼓勵提問者得出自己的結論，因為它提供了資訊，而非預測結果。

你的塔羅牌陣資料庫

當然，不僅僅是可能，而是很有可能的是：你使用的第一個牌陣將是你會使用的唯一牌陣。你很可能會嘗試其中少數幾種牌陣，並且可能已經嘗試過了。你可以選擇一個你經常使用的牌陣。我知道一些占卜師只使用賽爾特十字牌陣或此牌陣的改編版。然而，大多數占卜師的牌陣資料庫都有些許差異。建構一個牌陣資料庫就好像在組成一個衣櫃。你需要從一些適合自己解讀或是計畫使用的基礎知識入門，接著你可以增加一些罕見的問題或特殊情境。首先，大多數占卜師都喜歡針對以下類型的解讀進行分類：

1. 一般問題

2. 愛情／關係

3. 工作／生涯

4. 健康

5. 靈性生活

一旦涵蓋了這些基本項目，你就可以拓展每一個類型。例如在愛情／關係領域，你可能會有特定的牌陣來針對：

1. 當下的關係（他／她是命中注定的那個人嗎？我們會進展到下一階段嗎？）

2. 過去的關係（或廣受歡迎的解讀：「他／她會回心轉意嗎？」）

3. 未來的關係（回答「未來我會戀愛嗎？」的問題。）

其他問題也很普遍，但對所有人並不是必要的：

1. 來自已故摯愛的訊息

2. 來自指導靈的訊息

3. 寵物占卜

4. 失物占卜

你的牌陣資料庫中的任何內容都應反映你的個人信念和解讀風格。你在開始做塔羅牌練習之前，最好先了解你與這些牌的關係——它們可以做什麼，以及你可以用它們做什麼。塔羅牌的奇妙之處在於它沒有正確或錯誤的做法。塔羅只是個工具。只要符合你的信念和道德觀，你就可以隨心所欲。在開始之前，你應該知道要使用這些牌做什麼。如果你不確定自己的信念，你的解讀將會是混亂又糊塗的。接下來的提問列表將幫助釐清你的想法，以及你想用塔羅牌達成的目標。

你的牌陣資料庫將隨著你的練習而增長和變化。經驗也將決定你喜歡用什麼樣的牌陣。你最適合的選擇會隨著時間流轉而改變，但從你的信念和風格上來說，應該總是與你如何運用塔羅牌有關。

信念、風格和技巧

在本書中，我們會經常提到你的信念與風格。你的信念就是你的世界觀，它描述了你認為世界是如何運轉的。你可以藉

由它們來了解塔羅牌在這個世界以及你手中的運作方式。你的信念還會影響你如何使用塔羅牌，以及你在什麼情況下不使用牌。

你的信念對應問題就像是：

- 未來是預先決定的嗎？
- 我們對自己的生活有多少掌控權？
- 解牌的行為僅僅是在揭示未來，還是會改變未來呢？
- 天機可以洩漏嗎？
- 能為不在場的人解讀嗎？
- 未經當事人允許，可以解讀別人的部分嗎？
- 塔羅牌的訊息是從哪來的？
- 這些訊息來自神嗎？如果是的話，你有義務告訴提問者你所看到的一切，無論好或壞嗎？

這些問題以及更多問題的答案並非來自塔羅牌或任何作家或老師對塔羅牌的評論，而是來自你的個人信念系統。你知道你在想什麼。了解你靠什麼而活。了解是什麼在引導你，同時讓你用塔羅牌做的一切都受此引導。

風格就有點不一樣了。一些具有類似信念系統的占卜師可能會以非常不一樣的方式做解讀。有人可以扔出一張牌，然後在當中找到十個問題的答案。另一個人可能更傾向使用半數的牌來探討單一情況。偏好明確定義的牌陣位置是一個風格的問題，而它的相反做法是攤開牌，用定義不明確的排列去講故事。選擇正面朝上還是正面朝下發牌，也是一種風格上的決定。

重要的是，要明白你為什麼要用塔羅牌做每一件事。塔羅牌完全是象徵性的。影像、數字、花色、名稱和相似之處……塔羅牌所有的元素都是象徵。塔羅牌是一座連結表意識和潛意識、小我與高我、靈魂與神性的橋梁，所以，象徵是促進這種溝通的必要手段。因此，我們對牌所做的每一件事也具有象徵意義——我們如何洗牌、如何表達問題，以及如何將牌放在桌子上。就像我們研究自己的牌一樣，我們也應該研究自己的牌陣和技巧。它們是什麼意思呢？它們如何促進溝通與了解呢？技巧可以整合到任何牌陣實戰中。第四章蒐集了一些我經常用到的技巧。任何技巧都可能是信念或風格的問題。在融入任何技巧之前，想想它象徵什麼原則，以及這個原則是否與你的信念產生共鳴。

例如有些技巧可以將逆位牌正面朝上。雖然使用逆位牌是一種風格上的選擇，但調整牌陣中的一張牌，這個決定便與你的信念有關。例如如果你不相信未來會改變，那麼你可能不會使用這種技巧。或者如果你認為大阿爾克納牌代表的事件超出了提問者的掌控，但小阿爾克納牌可能會受到該提問者的影響，那麼你可以僅對小牌使用垂直的技巧，而讓大牌維持原樣。

因此當我們回顧一個牌陣的各個部分，並分析這種牌陣如何運作時，請記住你的信念、風格，以及你對牌陣象徵方面的反應。藉由將這三種元素交織在一起，你將會創造出一種真正反映你的內心且獨一無二的解牌技術。

組織你的牌陣

隨著你的牌陣資料庫擴增，你的功力進步，你會想要記錄你的牌陣。大多數的塔羅書會鼓勵占卜師寫日記，經常描述不同類型的紀錄以及記述的方法。此外，任何有關日誌的書籍都會提供很多點子。就像定期寫日誌一樣，記錄你的牌陣也有很多種選擇。無論你使用哪種方法，都應包括你感興趣的牌陣，即使你還沒有機會嘗試亦然。此外，當你使用新牌陣的時候，

要搜索你運用它的解讀紀錄，注意你如何運用它，並且追溯你的命中率。如果你以後決定改編牌陣，這些筆記會很有用處，我們將在第五章討論這些技巧。

試試幾種日誌的寫法，最終你會找到最適合你自己的那一種。同時，我會提出兩個主意。首先是活頁本，可使用分隔頁來分隔牌陣的類型，例如一般、關係、職業、靈性等等。當你解讀每個牌陣的時候，你可以在活頁本裡面增加幾頁，這樣你就可以寫下你用那種牌陣占卜的所有紀錄。

另一種選擇是不起眼的活頁卡。活頁卡的美妙之處在於，你可以把卡片放在解牌區旁邊的桌子上，便於參考。活頁卡不像普通紙張那樣笨重。這些卡片可以裝在專為索引卡設計的盒子中，並夾著分隔頁來區隔各種類型的牌陣。與活頁本的方法一樣，你可以追溯在卡片上所做的所有解讀，並將它們恰當地歸檔。如果你沒有足夠的盒子，你可以使用一個適合你的筆記卡片尺寸的小相冊，創建你的個人手冊，以備隨時使用。

使用新牌陣

新牌陣很棒，但有時需要一段時間來了解。你需要進行幾次試用，看看它在不同的情況下是如何應對的。以下是一些在

短時間內獲得最大化經驗值的方法。

爲自己占卜

　　這有一些限制，例如我們通常很難爲自己做解讀。其次，你不太可能需要一個以上的同類型占卜，多到能夠及時測試一個牌陣。但爲自己占卜是個開始的好地方。當你爲自己占卜的時候，無論是測試一個牌陣，還是像往常一樣爲自己占卜，這裡有一個很棒的建議，那就是占卜時大聲朗讀，就像你對別人朗讀一樣。把你的朗讀錄音下來，這樣你之後就可以重聽了。這不僅能幫助你更好地了解占卜的內容，也是打磨你占卜風格的好法子。即使你錄音了，把朗讀的內容抄寫在你的日誌裡也是一個好主意。

爲名流占卜

　　如果你閱讀好萊塢的雜誌、網站或部落格，或是你會觀看《今夜娛樂》（Entertainment Tonight）之類的節目，這會更容易。總是會有關於明星個人生活的故事。如果你看到兩位明星相偕出席一個活動，你可以占卜預測他們未來的關係。如果有新聞報導某些名流考慮在即將上映的電影中扮演角色，你可以

占卜他們是否會得到這個角色。如果你看奧斯卡獎，就為所有的提名者占卜，看看你是否知道誰會贏。這可能很有趣，也是很好的做法，但可能會違反某些人的道德界限。許多占卜師拒絕未經他人允許而占卜。然而如果你正在練習占卜，占卜結果只會存在你和你的日誌中，而不會以任何方式分享出去。你自己得決定你是否對此感到泰然自若。

虛構提問者的占卜

這有點像是小孩子想像出來的玩伴。簡單地想像有一個可能的提問者，為他或她創設一種情境，然後進行占卜。有些占卜師認為這是對神的不敬。他們認為占卜是一種神聖的溝通，而假裝在占卜則是濫用了這種關係。同樣的，你必須決定你的感受如何。對我而言，我確實相信占卜是在與神對話，但是我也相信神並不介意我練習與鍛鍊自己的技能，因為我知道自己只是在努力精進，而非對神不敬。

在最近的一次工作坊，我就有一個學生建議從宮廷牌中抽出一張牌來「創造」提問者。

自願在塔羅網站或論壇（免費）為人占卜

有許多不同的線上聚會可以讓你和正在學習的人交換占卜。這可能是最好的練習方式，因為你可以實際的跟一個人互動，並且得到有用的回饋。若你有臉書，你也可以在那裡提供免費的占卜給你的朋友。

加入當地的塔羅牌聚會

你可以在tarot.meetup.com或是上網搜尋「（你所屬城市的）塔羅牌聚會」。假設你所在地區沒有這樣的聚會，那就創建一個。詢問一下你是否能在聚會中教牌陣，然後讓聚會成員當夥伴，並使用牌陣互相占卜。你要確定有時間可以得到對方的反饋。我已經和我所在地的同好這樣做了，每個人都樂在其中，我們都從彼此的牌陣經驗中受益良多。

現在我們已經掌握了一些基礎知識，接下來我們要深入研究一下牌陣的細節。下一章將分析牌陣的基礎知識，並說明如何理解這些原理以提升你的解讀功力。

2
牌陣設計的原則與布局

　　說到牌陣，布局聽起來的確就像是：紙牌是如何擺在桌子上的。大多數的牌陣都有很明顯的特徵，或者應該說它們的布局有明顯的特徵。布局通常是牌陣中最顯而易見的形式，而模式也很重要。一個精心設計、有效的牌陣應該利用布局來創造更豐富的占卜經驗，並且更易於詮釋。效率不高的牌陣設計只會影響占卜過程。

　　要了解占卜中牌陣布局的重要性，便要思考一下藝術與平面設計了，這兩者都運用設計和組合的原則來表述或傳達它們的訊息。這些原理是基於眼球的移動和心理反應。想當然耳，這些乃是因文化而異。例如在美國是由左往右閱讀，通常時間也是從左往右移動。但這並不是每一種文化的實際情況。此外，任何藝術家或是平面設計師都會告訴你，設計與組合原則沒有一個統整的規範列表，那樣會太簡單了。所以不要過度分析這些概念。

　　牌陣設計之所以有效，是因為它是基於本能的反應，以及基於你的眼球和頭腦的自然反應。你要花足夠的精神去了解和運用這些概念，但別讓它們使你不知所措。大多數塔羅書都有諸如靈數學、元素組合或占星學之類的對應內容，這些都是為了提高你對塔羅牌的理解與詮釋。如果解釋正確，它們就不會

妨礙你原本的解法，而會支持你的塔羅工作。你要以相同的方式運用牌陣布局和設計的原則。當你在一個牌陣中看到這些不同的擺法時，就使用本書中的一些概念，更徹底地檢查牌與位置之間的關係，讓它們增加你解讀的深度和輕鬆程度。

牌陣設計的原則

我們在這裡將討論一些設計牌陣的普遍原則。你可能會認出其中一些，因為它們是我們日常生活的一部分，從藝術到書籍封面，從家飾到園藝，再到時尚都有。這些概念並不是牌陣布局，我們稍後會講到，但它們卻是在布局中顯示的特質。

強調或平衡

如果一張牌（或一組牌）最先吸引你的眼球，意指這張牌（或幾張牌）是最重要的。看一下所有的牌陣，注意你首先目光所至的位置。那是牌陣最重要的區域嗎？為什麼是，或者為什麼不是？如果單張牌或是一組牌沒有吸引你的目光，那麼你會有一種平衡感，讓你以為所有的牌都在占卜時發揮同等的作用。這兩種方法沒有哪一種比另一種更好；一切取決於牌陣的目的。如果讓一個要素脫穎而出能有助於解釋，那便是最好的

選擇；如果以勢均力敵的方式來顯示各種元素，能夠更易於解讀，那麼這將是最好的選擇。讓我們來看一個例子。

思考這個牌陣：

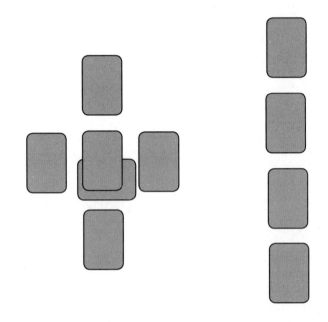

這是二十世紀初由亞瑟‧偉特創造的牌陣（儘管他聲稱這是「古早」的占卜法）──賽爾特十字牌陣。中間兩張牌最先吸睛，圍繞它們的四張牌增加了平衡感，旁邊的支柱感覺與主體部分分離且重要性略微降低。

對稱度

使用偶數的排列帶給人一種規律性與固定感,對眼睛和頭腦都很舒適。使用奇數的排列可以讓牌陣更有活力,具有動感與能量。以下是對稱與不對稱的牌陣布局範例。

比較一下圖A和圖B:

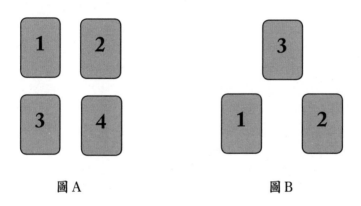

圖A   圖B

在圖A當中已經建立起模式了,且眼睛期待平衡感。在這裡創造出來的環境會使人更易於注意到「哪些東西不屬於這裡」。因此如果任何牌看起來比其他牌更突出,或者牌面圖像中有混亂的能量,頭腦就會假設有問題存在並尋求恢復平衡。解讀塔羅重要且最常見的原因之一,是尋找某種情況下的阻礙或破壞性能量。這就是為什麼在布局中加入穩定有序的圖案如此有用的原因。

在圖B中，眼睛期待著有所行動或是流動。假使牌表達一種停滯感，頭腦就會去尋找缺乏的能量。

間距

間距通常是一致的，除非有理由不這麼做。我們希望塔羅牌能平均分布。當塔羅牌不平均分布時，就會產生不安與好奇心。

例如比較一下圖A和圖B：

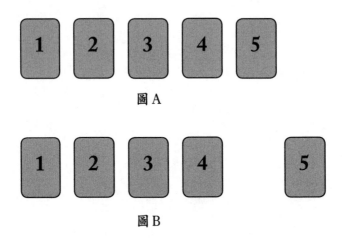

圖A

圖B

圖A中已建立了一個模式，我們的頭腦期待線性或是邏輯的發展。我們會特別注意所有看似破壞性或在邏輯上不遵循事件順序的牌。

在圖 B 中，我們看到前四張牌是一組，第五張牌是事後或延遲的反應。我們開始好奇，想知道第四張牌和第五張牌之間發生了什麼。我們錯過了什麼嗎？還有什麼沒被揭露呢？

重複元素

重複的元素凸顯了平衡感和一致性，它被用來創造一種期待感與模式。記住，我們的大腦天生就是要找這樣的東西。當重複的元素被擾亂了，就創造了張力。張力（或缺乏張力）並無好壞之分。同樣的，對於這所有的概念，只要它們是基於一個原因被刻意運用，那麼它們在那種情境下就是正確的選擇。

以下這種均等重複的三組配置，形成一種令人感覺舒服的模式：

就像第41頁的對稱範例一樣，這可創造舒適的視覺體驗，從而使眼睛可以更輕鬆地注意到所處情況下的騷亂或問題。

以下這種配置包含一些對稱性的變化，產生了一些視覺上
和心理上的益處：

這樣的布局會對清晰又獨立的元素產生一種期待。它讓眼
睛往前移動，看看會發生什麼事情。但是除非這種不成形的模
式代表著解讀中的特定內容，否則它充其量仍是無濟於事的，
更糟的是還會令人困惑。

以下這種牌陣則缺乏任何模式或對稱性，令人感覺混亂和
分心：

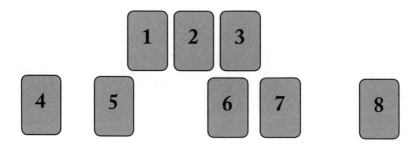

像這樣的布局就完全缺乏成形的模式，幾乎不會為牌陣添
加任何有用的東西。

布局

在大多數的牌陣中，占卜師會按照指導而以特定的模式發牌。通常還包括一個圖形（帶有數字的小矩形）來說明如何在桌上發牌。儘管不是所有占卜師都同意，但我認為塔羅牌的布局影響著任何牌陣的有效範圍。剛開始解牌時，我對於牌陣設計一無所知。大多數的著作都沒有說明選擇布局方式的原因，因此，我將注意力放在位置的定義上。位置的定義非常重要，但如果我們只看位置的定義，便錯失了機會去檢驗塔羅牌如何一起運作，繼而創造出更統合的解讀以及更完整的信息。

想知道為什麼塔羅牌的擺放方式很重要，可以試試這個實驗。看著下一頁的牌陣。它們沒有數字或位置的定義。從你的牌當中抽出三張，用不同的排法去擺放這三張牌，然後解讀它們所講述的故事。注意牌與牌在位置上的關係——有一張比另一張更高嗎？它們平起平坐嗎？這些關係如何影響故事的情節？另外，看看特定某一張牌的圖像。當你改變它們的位置時，注意這些角色是在看對方，還是在看別處。令人驚訝的是，僅僅改變塔羅牌的擺放方式，便將改變故事的能量並塑造其詮釋的方式。

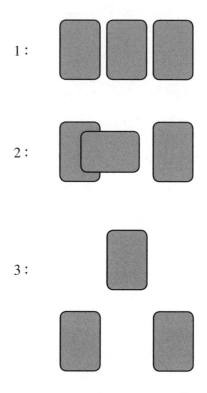

塔羅牌之間的視覺關係會影響對它們的理解，因為這是我
們的大腦大部分運作的方式。成對擺放的牌通常是彼此牽連
的，連續的牌將被視為線性連貫的敘述，頂端或是跟群組分開
的牌則被當成具有一定的意義。從這個實驗中，你可以看到這
些關係是自然而然、無意識地發生的。你得有意識地了解這些
概念，這可以幫助你更有目的性地運用它們，就好比你把塔羅
牌的涵義拿來聯想和對應一樣。

下面的布局是單獨出現在一個牌陣上的，或者是與其他布局結合在一起，形成更大的牌陣。

單張牌

有一張牌似乎在說：「我很特別！聽我說！」根據它在牌陣中的位置，它可以在解讀時占據中心位置，表明獨特的立場，呈現邏輯上的結論，或者在一張牌（或一組牌）與另一張牌之間建立橋梁。如果它是從一組紙牌中分立出來的，則會產生緊張感，尤其是當它破壞平衡或間隔不均時。

成對的牌陣

成對的牌可以是水平、垂直、對角或交叉，它們通常會以相互關聯的方式解釋。成對牌之間的關係與位置名稱同樣影響著牌義。水平成對的牌往往顯示同等效果或重要性的事物。垂直成對的牌暗示了一種階層的結構。對角線的成對牌與流動的能量有關。交叉的牌確實代表並隱喻暗示所代表的事物並不一致或是相互對立。

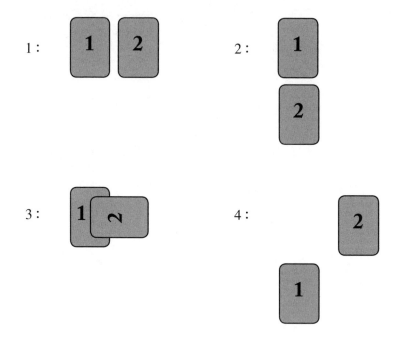

線性牌陣

一直線的牌陣是由三張或三張以上的牌組成，被當成一組牌來解釋。這一行牌如果是水平的，則表示某種形式的流動，比如時間。

最常見的水平線性形態是簡單的過去─現在─未來牌陣：

假如線是垂直的，它們更易於表示階層。 常見的垂直牌

陣是身—心—靈牌陣：

對角線的排列表示一個上升或下降的過程，比如往一個目

標或是實踐某事所需的行動步驟：

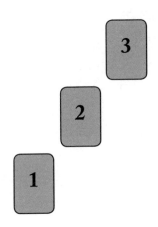

橋梁牌陣

橋梁形式顯示了兩件事物之間的聯繫。被橋接的兩張牌是透過橋梁牌解釋爲相對（或通常是相反）的關係，而非簡單的成對牌那樣直讀就好。

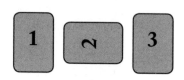

矩陣牌陣

矩陣是由幾條線組成，並顯示出彼此相關的一組事物。矩陣當中的行與列通常都有個特定的涵義，適用於該行或該列當中的所有塔羅牌，而不是每一個位置都有特定的涵義。

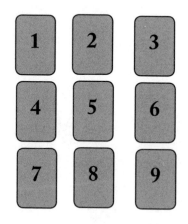

舉例而言，我們會說這裡的欄位代表過去、現在和未來。這三條橫列是生涯、家庭與愛情。此牌陣讓占卜師更輕易地看出不同的領域交相影響了提問者的生活。

三角牌陣

　　三角牌陣可以有很多種尺寸，並且可以往上、往下、往左、往右指。它們指出能量或事件朝著或從某個點移動。

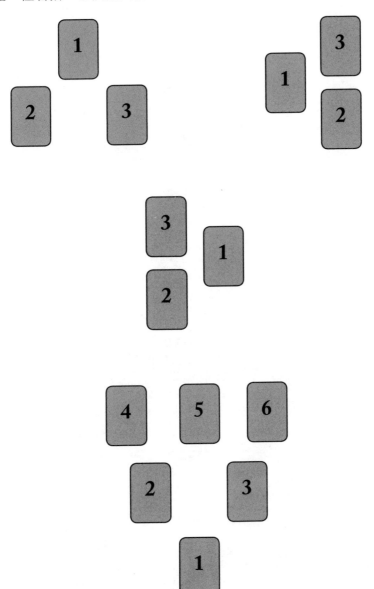

十字牌陣

　　十字牌陣的特徵是，無論圓形還是直線形牌陣，群組中間都有單張牌。解讀十字牌陣中的每一張牌都要與中間的牌相關。十字牌陣兩翼的牌很少會不參考中間的牌就彼此對照做解讀。

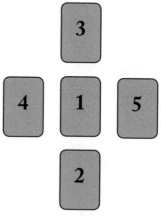

　　一個圓形的牌陣只要正中央有牌，也會被視為十字牌陣，因為所有的牌都以某種形式跟中間的牌有關。

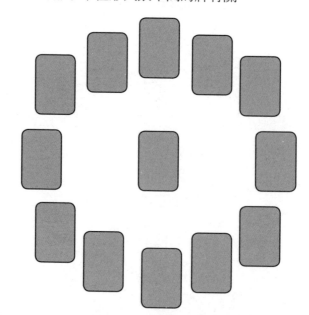

圓形牌陣

　　圓形牌陣類似十字牌陣，但缺了中間的牌。這樣在解讀的時候，每張牌都與隔壁的牌有關。一個圓形牌陣象徵一個循環或一體感，牌一張接著一張流動，且通常是順時針方向。

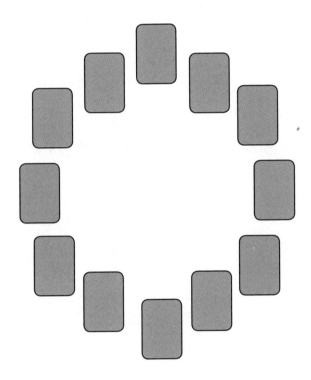

理論實踐

理論基礎是一個很好的起點。希望你在解讀這些牌的布局時會注意到這些原則如何在這些牌中發揮作用。讓我們看一下如何將這些想法整合到你可能已經在使用的牌陣中。

賽爾特十字牌陣（參見第56頁）是一種經典的牌陣，幾乎每個人都會在某個時間點學到，且幾乎每個人都會進行一些改編來配合他們的目的。許多人對賽爾特十字牌陣所做的改編之一就是取消了指示牌的位置（如果你不熟悉指示牌，請參見附錄四）。為了使這個例子更好懂，我們將採用這裡的小更動並放棄使用指示牌。我們將利用這個牌陣來看看我們剛剛討論過的一些設計和布局概念如何結合在一起，繼而增加解讀的深度與聚焦，並有助於理解。

大多數占卜師會分別解讀每張牌，將提問、抽到的牌和位置的名稱交織在一起。這將會帶來一次非常令人滿意的解讀。然而，這個牌陣可以進一步擴大，透過解讀較大牌陣中的小牌陣來獲得更多細微的資訊。

這個牌陣是由幾個元素或是更小的牌陣構成的。在最中間，我們找到了一對十字牌，即牌1和牌2。牌1到牌6創造了一個大十字牌陣。當牌3、牌1、牌2和牌4組成了垂直線時，

牌5、牌1、牌2和牌6組成了水平線。而牌7透過牌10組成了另一條垂直的線。

在我們的解讀範例中，我們開始注意到寶劍皇后在位置1，表示提問者是個有自信又聰明的人，基於智慧與經驗，清晰地掌控了眞相。

我們的第二張牌抽到了審判。一種神聖的啓示、頓悟阻礙了提問者。把這些牌成對解讀，不僅如此，如果是一對十字牌，也就是互相矛盾的牌，我們能解讀出什麼呢？

寶劍皇后通常是一個很確定自己知道眞相並能很快說出自己想法的人。因爲這張牌穿過了她，因此和她發生了衝突，我們可以假設這不是一種受歡迎的領悟力。當她面對一件讓她驚訝的事情時，她可能會感到不舒服，覺得這在某種程度上是對她正直人格的侮辱。所以我們有人掌握了嶄新的重要資訊，而且對此感到有點戒心。

現在讓我們看看牌5（過去）——世界，以及牌6（不久的將來）——權杖二逆位。她剛剛完成了一個重要的生命週期。未來，她面臨著不知道該怎麼做的不快感覺。這是很好的訊息，但我們可以透過解讀牌5、牌1、牌2和牌6所創造的線性牌陣，即有點隱藏的「過去—現在—未來」牌陣來獲得更多

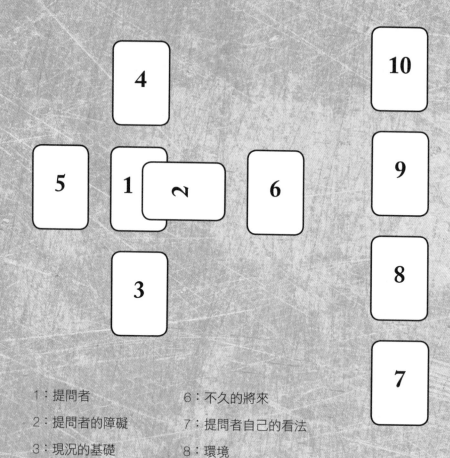

1：提問者　　　　　6：不久的將來

2：提問者的障礙　　7：提問者自己的看法

3：現況的基礎　　　8：環境

4：提問者的期望　　9：希望與恐懼

5：過去　　　　　　10：結果

牌陣2：賽爾特十字牌陣

的資訊。提問者最近完成了她生命中的重要目標或週期。這一成果給了她一個啟示，使她處於防備的狀態。她沒有慶祝自己的成功，而是感到煩躁和焦慮。這個狀態使她有點無力。她沒有籌謀她的下一個大計畫、一些寶劍皇后很可能會做的事情；她既煩躁又優柔寡斷。

牌3是基礎，它提供了一個很好的線索，說明為什麼提問者想要占卜：在這個例子中是聖杯二。所以，儘管目前這些牌暗示著更多的計畫或是職業導向的東西，牌3暗示著一個更情緒化的情況，很可能是愛情。

往上看牌4——她的期望，在這裡是隱者逆位來代表。她希望不要孤家寡人。她似乎已經厭倦了只依賴自己發光發熱。

牌3、牌1、牌2和牌4是一條垂直線，創造出一個有趣的進展。我們通常會認為這是一段可能正向發展的關係，但是一開始，我們的提問者就對此感到不安又焦慮。她觸及內心的隱者，就在她的上方，卻只發現他的腦袋瓜！這位獨立的寶劍皇后通常能控制住自己的生活，現在卻發現她的一部分不再想要她以為自己想要的東西了。

這就是一個大啟示。儘管她最近取得了一些成就，但她發現自己對這些成就並不滿意，並受到其他的樂趣吸引——一段

戀情！對她來說，這讓她分心，也讓她懷疑自己，因爲過去指引她的東西——隱者燈裡的光芒——已經被顛覆了。

其餘的牌證明了這一點：

7. 自我：金幣六逆位

8. 環境：倒吊人

9. 希望與恐懼：金幣五逆位

10. 結果：命運之輪逆位

我們不會在這裡花時間去檢查每一個排列，但我們會看一下牌4、牌6和牌10，這些是我認爲與解釋結果有關的牌。我在這裡做了點複雜的處理——我把這些牌移出牌陣，並將它們放在一起，視它們爲三位一體（你可以在第五章讀到更多相關技巧）：隱者逆位、權杖二逆位和命運之輪逆位。當我這麼做的時候，我首先注意到的是，它們都是逆位牌，且其中兩張是大牌。這裡有大量的主要能量，但是全都被阻滯了。難怪提問者感覺這麼焦慮！她的焦慮情緒可能加劇了能量的阻滯和積聚。

按照順序來解讀這三張牌：她失去了她的內在嚮導（隱者

逆位），失去了她的外在願景或目標（權杖二逆位），並且對她的未來有著深深的不確定感（命運之輪逆位）。我們很容易能理解她爲什麼會覺得動彈不得。

占卜師能爲這個提問者做些什麼呢？在這個牌陣中，有幾張重要的逆位牌。在第四章，你可以使用兩種方法去顛倒逆位牌。而我也會關注牌3——基礎，並且找到更多關於她關係中的線索。賽爾特十字牌陣在此成功地展現了她有什麼感受，以及引發提問的肇因，但現在該用另一個牌陣去深度挖掘了。

現在你已經了解將設計概念應用於實際詮釋的幾種方法，在閱讀下一章的內容時，請記住其中一些概念。就算你打算不用一個特別的牌陣，你還是要全部拜讀。你可能會發現一些你能在別的地方採用的主意。

3

牌陣集錦

任何一本牌陣書的核心通常是牌陣集錦。你將在這一章找到經典和普及的牌陣，這裡有專門針對愛情和金錢問題的牌陣。你沒有什麼問題，但想要先玩你的牌嗎？查看一下特殊牌陣的段落。想要一個明確的「是」或「否」的答案嗎？我們也囊括其中。

為了與本書的精神一致，藉由著重於理解牌陣，許多牌陣都包含有關設計的資訊以及使用該設計來改進解讀的方法，此外還包括一些牌陣的趣味變化版。

傳統牌陣

在這裡，你會發現一小部分經典的塔羅牌陣，這些牌陣已經使用了數十年。除了有益的元素與風貌，它們還有時間的光澤與奧祕。

有指示牌的賽爾特十字牌陣

這是最傳統與最有名的牌陣，也是我們在第二章中作為解讀範例的牌陣，但這次我們要加上一張指示牌。

1：指示牌（代表提問者）　　7：不久的未來

2：掩蓋提問者的事物　　　　8：提問者的自我形象

3：提問者的阻礙　　　　　　9：提問者的環境

4：現況的基礎　　　　　　　10：提問者的希望與恐懼

5：提問者最大的渴望　　　　11：結果

6：不久的過去

這個牌陣的元素包含了中間的兩對牌。牌1和牌2是獨特的一對，因有一張蓋住另一張，我們不常在牌陣中看到這種技巧。這表明牌1是提問者的核心，而牌2是提問者與問題相關的外在情境。牌1和牌2被牌3交叉，創造了另一對不尋常的牌。

頭七張牌創造了一個大十字。牌4、中間的牌（牌1、牌2和牌3）與牌5排成一行，牌6、中間的牌和牌7排成一行。當然，牌8到牌11也創造了一條線，從中央的十字出發，彷彿那裡的能量以某種方式與中央的牌分道揚鑣。

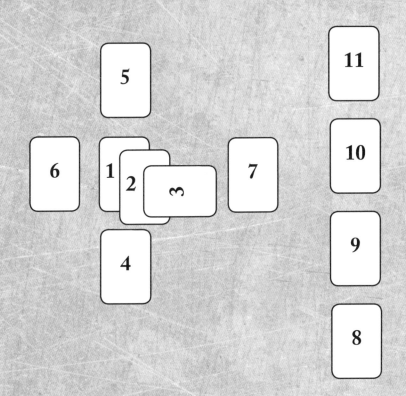

牌陣3：有指示牌的賽爾特十字牌陣

馬蹄鐵牌陣

這是一個非常受初學者與經驗豐富的占卜師歡迎的牌陣，因爲它提供了一個情境的清晰印象。

1：過去

2：現在

3：未來

4：提問者

5：其他的資訊

6：挑戰

7：結果

這個牌陣包括了一張在頂端的牌，代表它是解讀的重心，且它是分開擺放的。有許多方法可以去檢視這種布局，例如兩條垂直線。不過有個有趣的觀點是，把牌3、牌4和牌5看成一個三角形。如果我們認爲牌的遠近等於影響未來的能力，特別是提問者運用牌5中披露的其他資訊，那麼提問者就具有最大的影響力了。

```
         ┌─────┐
         │     │
         │  4  │
         │     │
         └─────┘

┌─────┐         ┌─────┐
│     │         │     │
│  3  │         │  5  │
│     │         │     │
└─────┘         └─────┘

┌─────┐         ┌─────┐
│     │         │     │
│  2  │         │  6  │
│     │         │     │
└─────┘         └─────┘

┌─────┐         ┌─────┐
│     │         │     │
│  1  │         │  7  │
│     │         │     │
└─────┘         └─────┘
```

• •
牌陣4：馬蹄鐵牌陣1（一般版）

天宮圖牌陣

使用占星宮位的概念不僅可以激發靈感，還可以運用它的陣形與內容在生日或是其他的重大事件上，是個有趣的牌陣。這是一個簡單的解釋，因為你只是繞著圓圈各別解釋每一張牌。每一個位置代表一個星座宮位，每一個宮位代表一個人生命中的一個領域。你可以透過比較相同花色或數字的塔羅牌宮位來增加解牌的深度。

1. 第一宮：你的自我形象、人格、野心、動力和身體。
2. 第二宮：你的價值系統、物質財產和金錢態度。
3. 第三宮：你溝通、思考和學習的方式；手足與鄰居。
4. 第四宮：你的父母、你的根源、你的居家生活與家庭。
5. 第五宮：創造力、戀愛、興趣、嗜好、社交生活和子女。
6. 第六宮：你的工作、責任、工作習慣與人際關係，以及健康。
7. 第七宮：商業與愛情上的人際關係，你如何與別人互動。
8. 第八宮：合夥的金錢與資產、稅務、遺產與債務。
9. 第九宮：靈性、宗教、道德、高等教育、長途旅行。
10. 第十宮：你的公眾形象和職業，與權威人士的關係。
11. 第十一宮：友情、團體成員、希望、目標和願景。
12. 第十二宮：你的內在形象、夢想、祕密、過去、潛意識、業力。

> **變化版**：一些占卜師會在中間加一張牌來代表明年的重點，這將使這張牌變成一個十字形狀而非圓形。試試這樣做：先以繞圓圈的方式解讀。然後在中間加上一張牌，以它為十字形來重新解讀，並將中間的牌和外圈的牌串聯起來解釋。這對你的解讀有什麼影響呢？你喜歡哪一種解法？

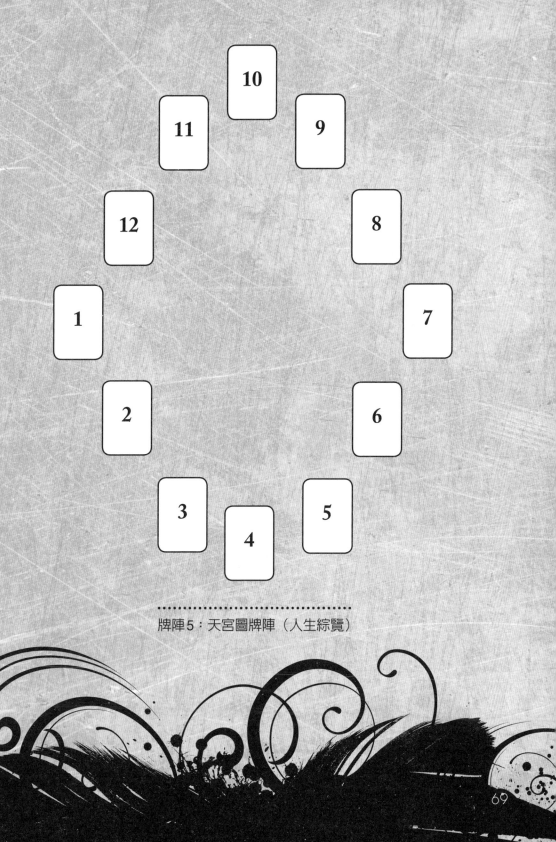

牌陣5：天宮圖牌陣（人生綜覽）

星星牌陣

你可以在許多早期的塔羅入門書中找到星星牌陣。許多占卜師都學過這個牌陣，然後就轉而去學其他牌陣。星星牌陣沒有賽爾特十字牌陣的特徵和歷史，也沒有占星或生命之樹的神祕學牌陣背景，所以容易失去解讀的焦點。這可能是因為既為牌陣，它仍然同樣具備優點和缺點。塔羅牌位置的定義非常有用又無所不包，是預測和未雨綢繆的完美結合。然而，標題與布局並不能使人記住它，或是記得這個牌陣的主軸或目的。此外，這種布局幾乎沒辦法讓牌的位置更明確、更具象或更有幫助。儘管有這些缺點，但星星牌陣的功能仍然足以經受住時間考驗，並且仍有許多老師在教授。我在第90頁加上了一個變化版牌陣。

1. **問題**：對於現況的綜覽。
2. **正面的影響**：提問者可以用來幫助情況的有益影響。
3. **負面的影響**：提問者應儘量減少或至少要意識到的能量。
4. **過去的影響**：這個位置顯示了在現況下，哪些影響正在減弱。你應該放下這些事物，因為它們不再重要了。
5. **現在**：這張牌揭露在此情境下正在發生的事情。這個位置通常也顯示出是否需要改變了。
6. **未來**：這張牌在本質上是最後四張牌效應的頂點。
7. **最後的結果**：這張牌代表最後這個情況會怎麼自行解決。

```
        ┌─────┐
        │  1  │
        └─────┘

 ┌─────┐         ┌─────┐
 │  4  │         │  6  │
 └─────┘         └─────┘

        ┌─────┐
        │  7  │
        └─────┘

 ┌─────┐ ┌─────┐ ┌─────┐
 │  2  │ │  5  │ │  3  │
 └─────┘ └─────┘ └─────┘
```

牌陣6：星星牌陣

脈輪牌陣

雖然這個牌陣不是很傳統，但它正朝著經典的方向發展。有這麼多塔羅占卜師都對研究能量如何流動感興趣——在解讀時、在我們的身體和生活中——因此，脈輪經常被引用。除了作為一個有用的解讀牌陣，脈輪牌陣也很適合初學者，因為它鼓勵初學者特別留意塔羅牌如何在那個情況下表現出能量的流動。

脈輪就是能量的流動。我們的身體中有許多脈輪，不過當人們說到脈輪時，通常指的是被認定的七個主要脈輪。這些主要脈輪，每一個都與一種顏色以及我們生活中的不同領域有關，包括身、心、靈。每個脈輪管轄許多面向，就像占星學或塔羅牌的任何面向都可以有多重涵義。這個牌陣關注的是其中一組面向。然而如果你熟知脈輪，偏好關注其他面向，那就用那些去取代。

理想的情況下，能量應該在你的脈輪中自由地上下移動，所以等距離的線性排列在這裡是一個很好的設計選擇。在解釋脈輪牌陣時，要找出能量流中的障礙。

7

6

5

4

3

2

1

牌陣7：脈輪牌陣（人生綜覽）

1. **自我保護（海底輪）**：你的生存本能，以及你如何尋求健康、豐盛與安全感。

2. **自我滿足（臍輪）**：你如何透過感受、渴望、感官和行動與他人建立關係。

3. **自我定義（太陽神經叢）**：你如何表達個人權力、意志、自主權、能量與自發性。

4. **自我接納（心輪）**：你能夠愛得更深切、感受慈悲，並擁有體驗平靜與專注於自性的能力。

5. **自我表達（喉輪）**：你如何與他人交流，如何在這個世界上有創意地表達自己。

6. **自我反省（眉心輪或第三眼）**：你在物質上和直覺上如何看待這個世界；綜覽全局的能力。

7. **自知（頂輪）**：了解自己和自我認知的能力；你的智慧以及靈性連結。

生命之樹牌陣

這個牌陣以卡巴拉生命之樹的形狀布局。卡巴拉是西方深奧和神祕的傳統，吸收了猶太卡巴拉（猶太神祕主義）、占星學、煉金術以及其他的神祕學研究。許多塔羅占卜師都熟悉卡巴拉，並且使用對應生命之樹的位置來塑造塔羅牌的涵義。

1. 克特（Kether）：頂輪、最高的理想。
2. 后赫瑪（Chokmah）：智慧、責任、創造力、陽、男性的能量。
3. 比那（Binah）：理解力、困難、內在知識、陰、女性的力量。
4. 荷塞德（Chesed）：慈悲、恩典、機會、天賦、力量。
5. 葛布拉（Geburah）：嚴格、勇氣、力量、挑戰、衝突、領導力。

6. 梯琺瑞特（Tiphareth）：美麗、成就、個別性、自我、意圖、目標。

7. 奈特薩荷（Netzach）：勝利、愛情、靈感、本能。

8. 后德（Hod）：輝煌、思想、溝通、科學。

9. 耶薩德（Yesod）：基礎、想像、幻想、習慣、前世。

10. 瑪互特（Malkuth）：王國、結果、家、物質界、日常生活。

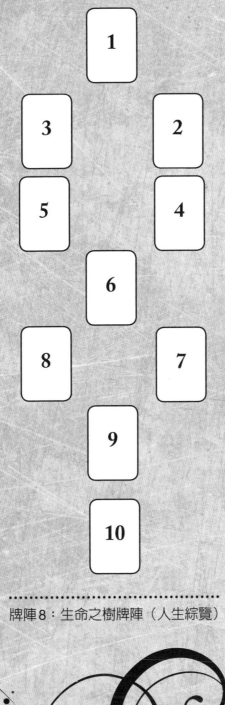

牌陣8：生命之樹牌陣（人生綜覽）

一般通用牌陣

　　許多占卜師認為，一個好的一般牌陣資料庫甚至比特殊牌陣更有用，儘管大多數的占卜師會兩者兼顧。我喜歡一般牌陣，因為它們可以輕鬆地運用於幾乎任何情況或任何問題。在許多情況下，它們對比較長久的解讀是一個很好的起點。也就是說，你可以從一般牌陣開始，以獲得一些初步的洞見和資訊，然後在你對問題或情況的細節延伸到更細微的部分後，可以轉向更具體的牌陣。

普及版三張牌牌陣與變化版

　　經典的三張牌──過去、現在、未來牌陣，已經行之有年，也被改編過。有一段時間我非常喜歡三張牌的布局，所以蒐集並創造了許多變化版。我所使用的布局，是我用不同位置涵義去實驗多種配置的結果。你要嘗試一下這些布局，但也要自己嘗試看看不同的布局如何在不同的位置涵義下起作用。你可能會發現一些變化版更適合自己的風格。

1：過去
2：現在
3：未來

| 1 | 2 | 3 |

牌陣9：過去一現在一未來

1

1：情況
2：改進情況的建議
3：可能的結果

2

3

牌陣10：情況一建議一結果（整體概況／特定情境）

1：挑戰
2：如何處理
3：最佳建議

牌陣11：挑戰─如何處理─最佳方案（整體概況／特定情境）

1：你擁有什麼
2：你需要知道什麼
3：你得到什麼

牌陣12：你擁有什麼─你需要什麼─你得到什麼（整體概況／特定情境）

三張牌牌陣的延伸

1：情況
2：阻礙
3：結果

牌陣13：情況─阻礙─結果（整體概況／特定情境）

1：情境

2：什麼隱藏其中

3：建議

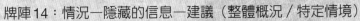

牌陣14：情況—隱藏的信息—建議（整體概況／特定情境）

1：要保留什麼

2：要放下什麼

3：要學習什麼

牌陣15：該保留什麼—該捨棄什麼—該學習什麼（整體概況／特定情境）

1：A想要的是什麼

2：比較

3：B想要的是什麼

························

牌陣16：A和B在關係中的需求（關係牌陣）

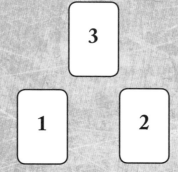

1：選擇A

2：決定因素

3：選擇B

························

牌陣17：二擇一牌陣（在兩個選擇間做決定）

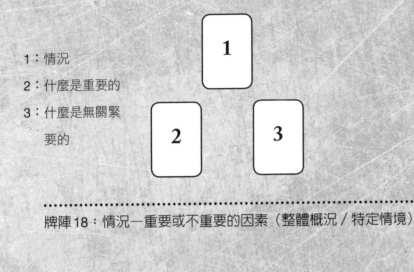

1：情況
2：什麼是重要的
3：什麼是無關緊
　　要的

牌陣18：情況—重要或不重要的因素（整體概況／特定情境）

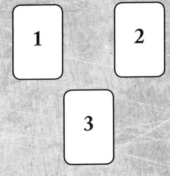

1：要做的事情
2：別做的事情
3：結果

牌陣19：做或不做—結果（整體概況／特定情境）

		1	
2	3	4	
		5	

牌陣20：芭芭拉的通用十字牌陣

芭芭拉的通用十字牌陣

這是我目前最喜歡的牌陣，我經常改編並運用它。雖然這類似於十字牌陣布局，但我通常會將牌1和牌5的位置放得更遠，因爲我不會將它看成十字牌陣。我從最上面的牌1開始，用整個情境的感覺去架設舞台。這將會延伸並且展開到牌2至牌4，然後能量向下流到牌5，在這裡一切都達到了巔峰。

1：綜覽整體情況

2～4：經驗或將會發生的事情

5：結果

變化版 A：如果我要一口氣探索幾個人生的領域，我只要決定它們是哪些領域即可，比如愛情、職業和旅遊。接著，我在一般牌陣組合中發三組牌，每組五張牌，第一組是關於愛情，第二組是職業，第三組是旅遊。

變化版 B：這是給更重視位置定義的人，這個變化版是在我開發上述內容之前的版本。

1：狀況

2：挑戰

3：解決方案

4：隱藏的要素

5：結果

變化版C：我以另一種出色的方式使用了這個牌陣。假設你為某個需要在兩、三個事物中做選擇的人解讀，你可以照本宣科標註上牌1、牌2、牌3等等，這些牌本身就透露了訊息。身為占卜師的你一無所知，既不曉得有哪些選項，也不知道它們的順序。你僅僅是列出一般牌陣的必要牌數，並且解釋它們的意義。提問者之後就會基於解讀的結果去做出自己的決定。最後，我請提問者告訴我有哪些選項，而他們選了什麼。這總是很好玩，而且更重要的是，有效！此外，這讓我完全保持客觀，而且還有一個額外的好處，那就是讓提問者真正參與解讀。

若你想要為自己解讀，你也能輕易做到。把你的選項寫在不同的紙條上，摺好後混合在一起。摺好紙條（不要偷看！），放在桌子上，然後將牌放在不同的紙條旁。在你解讀完所有的內容並做出選擇後再打開來看。

通用基礎牌陣

塔羅占卜師兼作家、老師、《塔羅部落：世外廣播秀》（Tarot Tribe: Beyond Worlds）主持人唐納莉·德拉羅斯（Donnaleigh de la Rose），對牌陣位置進行了一些研究。唐納莉比較了許多牌陣，發現大多數牌陣包含了四種基本的位置，儘管這些位置通常有其他名稱：

- **過去**：通常被稱為過去的影響、基礎或是留在你生活中的事物。
- **現在**：也被稱為麻煩、問題、挑戰或是情況。
- **未來**：也被稱為結果、將要到來的事情、預測或是可能發生的事情。
- **建議**：也被稱為指引、行動步驟或是需要什麼。

這種牌陣是受到她的研究而啓發的,有點搞笑,因爲它是基於最常見和最基本的牌陣位置。就像最好的通用牌陣那樣,這個牌陣非常適合當通用牌陣。我從來沒見過唐納莉用的版本,相反的,我整理出自己的版本。但是,我融入了她的一個核心信念:桌子上的第一張牌是最重要的。在這個牌陣中,我認爲最重要的一張牌是建議牌,所以它是牌1。我把建議牌放在「現在」的位置,因爲我把建議視爲現在可以、而且應該做的事情。

1:建議

2:過去

3:現在／挑戰

4:未來

變化版:有些人偏好成對地解讀牌。那些使用元素生剋(elemental dignities)的人同時使用三張牌(關於元素生剋的簡單介紹,參見附錄三)。有些占卜師只是喜歡多發一些牌。如果你屬於上述任何一種,只要加上更多牌到每個位置即可(參見牌陣21的變化版範例)。

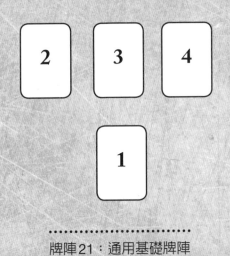

牌陣21：通用基礎牌陣

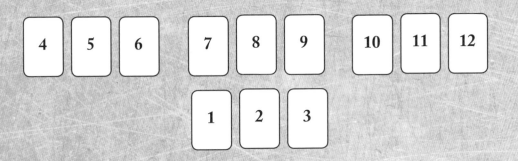

牌陣22：通用基礎牌陣的變化版

指引之星牌陣

這是我的經典星星牌陣的變化版，它使用相同的位置，但不同的組合。這些變化使我們更容易看到在邏輯上，能量是如何互相影響的，從而使最後的解釋更加圓滿詳盡。

1. **問題**：現狀的綜覽。

2. **過去的影響**：在此情況下應該放下的無效影響因素，因為它們不再重要了。

3. **負面的影響**：提問者應該要減少或是至少要意識到的能量。

4. **現在**：這個情境下正在發生的事。

5. **正面的影響**：提問者可以用來幫助現況的有益助力。

6. **未來**：最後四張牌的影響達到巔峰會發生什麼事。

7. **最後的結果**：指出提問者從這個情況的解答之外，還能接收到什麼（換句話說，他或她將從這個經驗中獲得的人生功課或機會）。

牌陣23：指引之星牌陣（整體概況／特定情境）

顧問圈牌陣

你手裡的塔羅牌握有宇宙的智慧。這個牌陣會給你五個最需要從大阿爾克納牌原型聽到的建議。

徹底洗牌並發出牌1。

從中抽出你的大阿爾克納牌，並且徹底洗牌。從這疊牌中發出牌2到牌6。把沒用到的大阿爾克納牌放在一旁。

將剩下的非大阿爾克納牌洗牌，發出牌7到牌11。

1. **情況**：提問者正在面對的挑戰、情況、機會或是阻礙。

2～6. **顧問**：每一張牌代表一個典型的顧問。在解釋每一張牌時，注意它們帶入這個情況的能量、它們的觀點和焦點。

7～11. **建議**：這些牌代表這些顧問給予的特定建議。該建議應該從顧問的觀點來詮釋。

這個牌陣是十字形的，所以要成對解釋所有的牌，不僅要解釋它們之間的關係，還要解釋它們與中間的牌之間的關係。

當你衡量完所有的建議，注意你的反應。有任何一部分跟你既有的想法有共鳴嗎？有任何建議與你平常做的事情不符嗎？

> **變化版**：你可以透過多種方式輕鬆修改這個牌陣。你總是能增加或減少顧問位置的數量。建議牌也可以增加數量。也就是說，你可以抽出一張以上的牌來代表任何一位顧問的建議。

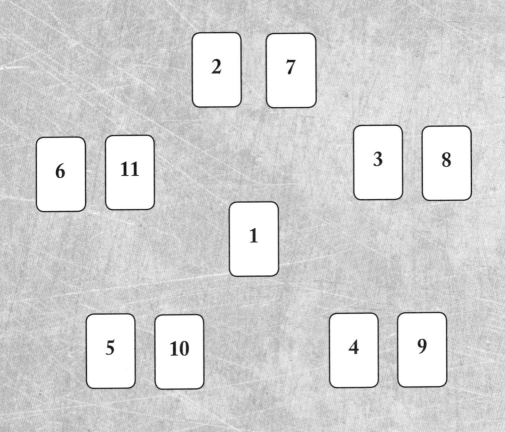

牌陣24：顧問圈牌陣（整體概況／特定情境／建議）

四元素建議牌陣

塔羅花色通常與四元素息息相關：風、土、水和火。這些元素又與人類經驗的不同方面相關，依序是：思想、作爲、感受和信念。這個牌陣在這些方面給出了建議，幫助你解決問題。

這些牌的布局反映了我觀察元素的方式。風元素與心智、思考（頭部）相關，位於頂端。土元素穩定而踏實，肯定就是在牌陣的底部。火元素是活躍的能量，就在右邊（我的慣用手）。水元素是消極的元素，在我的左邊。你可以按照你對元素的看法以及元素之間的關係來改變位置。

1：問題。

2：風元素和思考、解決問題與溝通有關。這張牌為你提供了一個解決問題的合理辦法。

3：火元素與信念、熱情和意志有關。這張牌建議你如何運用這種能量來解決問題。

4：水元素與情緒有關。這張牌建議你如何用你的情緒影響這個情況。它們是被壓抑了，還是控制了你，抑或是均衡地抒發呢？

5：土元素與物質世界和顯化有關。這張牌告訴你在這個情況中該採取什麼行動。

跟前一個牌陣一樣，這也是個十字形牌陣。每個元素的建議應該要與中央的牌成對去解釋。

	2	
4	1	3
	5	

牌陣25：四元素建議牌陣（整體概況／特定情境／建議）

皇家建議牌陣

宮廷牌通常被當作最難解讀的牌。這通常是因為當它們出現時，我們不確定是要解釋成其他人、我們自己的其他人格或是事件。但分開並單獨使用它們時，我們將它們視為「人物」，那就變得不只是容易解讀，也極為有幫助了。

四種花色的宮廷牌在生活的各個方面都有其獨特的途徑。只要提問，然後瞧瞧它們會在任何情況下做出什麼事情即可。

把你的宮廷牌和其餘的牌分開，並分成四小疊：一疊是國王牌、一疊是皇后牌、一疊是騎士牌、一疊是隨從牌。從適當的牌堆中抽出一張，排列如右圖所示。

1. **隨從牌**：這是你應該開始學習的新事物。
2. **騎士牌**：這是你應該快點去做的事情。
3. **皇后牌**：這是你應該去滋養或是照顧的事情。
4. **國王牌**：這是你應該去主導或掌控的事情。

有些塔羅占卜師難以理解宮廷牌。如果你也是其中之一，要知道這個牌陣是個非常棒的方式，可讓你更熟悉這些迷人的牌。你要去探索這些影像，真正專注在牌中描繪的人物上，想像一下他們會怎麼說、會說些什麼。觀想他們付諸行動會讓圖像栩栩如生，並在你的腦海和解讀中成形。

牌陣26：皇家建議牌陣（整體概況／特定情境／建議）

長期遠景牌陣

當處於見樹不見林的時刻，這種牌陣有助你退後一步，並檢驗自己的觀點。

1. **事件或情況**：你在這段期間將會面對的事件或情況。
2. **你的視野**：你對於此事件或情況在你日常生活中所扮演的角色有何看法。
3. **更寬廣的視野**：這張牌配合這個事件而成為一個更大的遠景，它能怎樣成為你的老師。
4. **課題**：描繪能從這個經驗中學習到的功課。

雖然這個牌陣看起來像是一個圓形，但排序會讓它更像是一個三角形外加一張牌。我發現專注於將牌2和牌3成對去比較視野是很有效的。同樣的，觀察你的觀點能怎樣裨益或是妨礙牌1到牌4的變化也挺有意思的。

牌陣27：長期遠景牌陣（整體概況／特定情境）

面對挑戰牌陣

在你確認了一天的行程安排後，意識到自己會遇到難搞的會議、迫在眉睫的期限或行程上的麻煩情況，不妨運用你熟悉的塔羅牌來幫助你為成功做準備。

1. **挑戰**：挑戰的性質——你需要了解什麼。
2. **你的優點**：面對挑戰時，你將發揮的最大優點。
3. **你的弱點**：你在面對這個挑戰時要小心的最大弱點。
4. **建議**：請將這張牌視為一個建議，運用你自身的力量來平衡你的弱點，然後成功地面對挑戰。

在這個布局中，代表優點與弱點的牌2和牌3會被解讀成一股相反的力量。牌1和牌4的關係要比牌2和牌3更為直接。注意牌1如何讓牌2與牌3之間的對立惡化，或是愈發水火不容。與此同時，牌4則以一種正向的方式展現了同樣的對立。

1

2 3

4

牌陣28：面對挑戰牌陣（解決問題／建議）

心靈與頭腦牌陣

當你的內心和頭腦在糾結的時候，你會怎麼做？試試看用這個牌陣去探索頭腦與心靈的動機。此牌陣除了讓你了解自己的兩個面向之外，還創造了一連串的銜接，鼓勵雙方達成妥協，顯示出它們的顧慮或動機並非真的那麼截然不同。

1～3. **心靈**：這是你的心靈、直觀或直覺的動機，亦即任何你非理性的理解方式。

4～6. **頭腦**：這是你頭腦、理性或邏輯的動機，亦即任何你可以量化的理解方式。

7～9. **橋梁**：這些線索可以幫助你彌合心靈與頭腦之間的鴻溝，或者幫助你了解在這種情況下應該依靠什麼。

跟大多數基於陣列式的牌陣一樣，心靈與頭腦牌陣能讓我們易於看到提問中，塔羅牌與領域之間的關係。頭腦與心靈的主題都在欄位裡，然後你可以分析具體的問題和折衷的建議。

心靈　　橋梁　　頭腦

牌陣29：心靈與頭腦牌陣（做決策）

行動計畫牌陣

若你準備好採取行動並想出一個計畫去改善你人生中的一個領域，就讓塔羅來幫助你吧！這個牌陣技巧會使用到你有意識地選擇放在牌1位置的牌。

從你的牌堆中挑選一張牌來代表你想要改善的生命領域。要確定你挑選的牌顯示出這個領域現今的狀態，而非你希望的樣子。接著洗剩下的牌，將它們排列在其他的位置，就像你平常做的那樣。

你刻意挑選塔羅牌的目的是為了象徵。它代表你對於當下處境的了解和觀點。你選擇的牌會將解讀深植在你的現實當中。當你洗牌並隨機抽牌時，就意味著你融入了命運，或者沒有控制事情的念頭。但是現在，正如你所瞧見的，那是已知的東西了。你要有意識地選一張牌來代表真相。

假設結果不是你希望的，要記住，達到目標可能需要幾個階段。這種牌陣解決了你實現目標的一個挑戰或階段。在你真正達到你想要的結果之前，你可能有更多的挑戰要克服。

你要藉由創造一個行動計畫來完成這次解讀。當你採取了行動，待上述的結果實現之後，就重複這個牌陣，為你的最終目標創造下一個步驟。

| 1 | 2 | 3 | 4 | 5 |

牌陣30：行動計畫牌陣（解決問題）

1. **現在**：這是你的起點。

2. **優點**：這是你已經擁有的，並且可以在你前進時派上用場。

3. **挑戰**：這是你將會面對的，藉由面對它，你會創造你所尋求的轉變。

4. **幫助**：這是你可以尋求幫助的地方，它可以是一個人、一項技術、一個研究領域、一項活動或是行動等等。

5. **結果**：這是目標或結果。

變化版：當你有意識地去選牌1，也要以此方式去選牌5。對於那些根據吸引力法則的基本原理積極尋求創造未來的人來說，這是一個特別合適的辦法。

三道門牌陣

　　有句諺語說，在你決定說出一個想法之前，要經過三道門：「這是真的嗎？這是必要的嗎？這是善意的嗎？」第一次讀到這段話後，我幾乎好幾天沒說話。我不會把所有的想法都付諸行動，但是每隔一段時間我就需要考慮表達一些想法是否明智。如果你發現自己在掙扎是否該對某人說什麼話，三道門牌陣會幫助你仔細考量你想說的話。這五張牌的擺法就好像是從三道門往上升起一樣。

1. **第一道門**：這是真的嗎？你想說的話是真的嗎？這是貨真價實的嗎？對你來說是真的，但對其他人卻不是嗎？你弄錯了嗎？有時我們會在腦海中產生想法，並說服自己相信它的真實性。這張牌會要求你檢驗那個信念。
2. **第二道門**：這是必要的嗎？這件事真的需要說出來嗎？說出來會達成任何事嗎？確定必要性並不容易，因為我們也必須問：「對誰來說這是必要的呢？」這張牌要求你從一個更宏觀的視野去探究這些話的必要性。

3. **第三道門**：這是善意的嗎？你想說的話帶有善意嗎？同樣的，善良並不容易。有些事在短期內看來並不慈悲，但從長遠來看卻是好的。或者你可能會說服自己：「這是為了他們好。」這張牌揭示了善意是否是這句話的出發點。

4. **理由**：你說那些話的目的是什麼？你希望達成什麼？什麼是你渴望的結果？儘管你可能認為你知道自己的動機，但這張牌要求你對自己的理由誠實。

5. **結果**：如果你決定說出自己的想法，那麼不管前四張牌的答案如何，這就是後果。這張牌顯示了你的行動可能產生的結果。仔細考量一下，看看這是不是你想要的。

牌陣31：三道門牌陣（做決策）

轉變之風牌陣

很多時候即使沒有聽到天氣預報，我們也能感覺到天氣的變化或暴風雨即將來臨。空氣中瀰漫著某種東西，而你就是知道。人生也是如此。你可能感覺到了即將發生的變化，但不曉得會發生什麼。這個牌陣將使你對即將發生的事情做預測，以便讓你做好準備。

我喜歡這種基於羅盤而設計的典雅布局。因為它是一個十字形結構，所以每個「方位定點」都與圓心有關，而不是像在圓形結構中那樣彼此相串聯起來做解讀。

1. **北方**：改變是如何與你的物質狀態或資源相關的。
2. **東方**：這個改變可能會帶來什麼挑戰、機會或問題。
3. **南方**：改變對你的計畫或目標的影響，或是你如何獲得啟發。
4. **西方**：你對於這個改變可以預期的情緒反應或體驗是什麼。
5. **圓心**：關於這個改變的本質，你應該知道的事情。

	1	
4	5	2
	3	

牌陣32：轉變之風牌陣（整體概況／特定情境）

變化版：你可能會注意到牌的位置與塔羅牌的花色非常相似。
你可以藉由抽到的牌與位置配對來運用這種自然的對應關係。把
你的牌組分成五疊，即大阿爾克納牌加上四種花色。洗金幣牌這
一疊，並為這個位置抽一張牌。洗寶劍牌這一疊，並為這個位置
抽一張牌。對權杖、聖杯和大阿爾克納牌都照辦，並放在牌3、
牌4、牌5的位置。

過去—現在—未來牌陣（延伸版）

　　這個簡單的三張牌牌陣，在過去—現在—未來的變化中增加了一些深度，同時保持了簡明的風格。我考慮過陣列的形式，但我認爲在這種情況下，它實際上更容易分散注意力，而不是有助益。透過保持線性的型態，我們可以專注於時間流而不是比較這三項分類。每張牌由三部分組成，因此很容易一眼就看到相關趨勢。

　　針對這個牌陣，要分開擺放大阿爾克納牌、小阿爾克納牌和宮廷牌。從大阿爾克納牌中發牌到位置1、4和7，從小阿爾克納牌中發牌到位置2、5和8，從宮廷牌中發牌到位置3、6和9。

過去：

    1：主要的影響。

    2：發生了什麼／你經歷了什麼。

    3：你做出什麼反應。

現在：

    4：主要的影響。

    5：將會發生什麼／你將體驗到什麼。

    6：你可能會有何反應。

未來：

    7：主要的影響。

    8：將會發生什麼／你將會體驗到什麼。

    9：對於如何反應的建議。

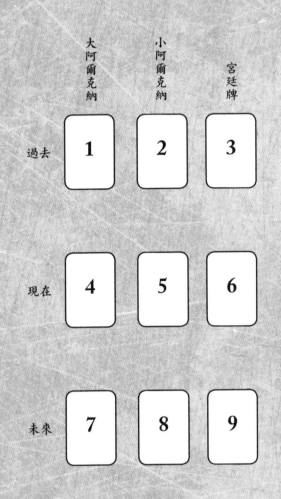

大阿爾克納　小阿爾克納　宮廷牌

過去　1　2　3

現在　4　5　6

未來　7　8　9

牌陣33：過去─現在─未來牌陣（延伸版）

有選項的過去一現在一未來牌陣

　　二○一一年一月，我在明尼蘇達州塔羅牌研討會上教授了一個關於設計牌陣的工作坊。工作坊結束時，學員分享了他們設計的牌陣。恰克・波（Chuck Boe）是當地的一名塔羅占卜師兼教師，他分享了一個非常有用的牌陣。如果你只是繼續現在的生活、做你已經在做的事，這個牌陣就會從過去、現在和未來開始展示。如果你想要的話，此牌陣還提供了兩種能實現、可選擇的未來和建議。

　　1：過去。

　　2：現在。

　　3：如果你什麼也不改變的未來。

　　4：如果你照著牌5和牌6的建議，你可以選擇的未來一。

　　5～6：針對創造出牌4所述未來的建議。

　　7：如果你照著牌8和牌9的建議，你可以選擇的未來二。

　　8～9：根據創造出牌7所述未來的建議。

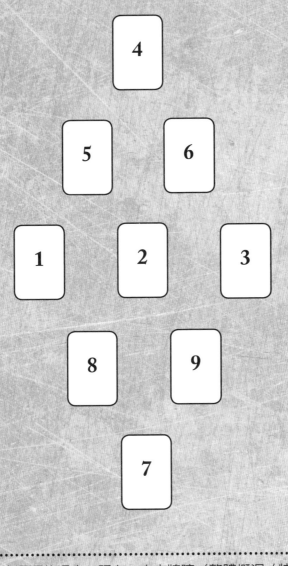

牌陣34：有選項的過去一現在一未來牌陣（整體概況／特定情境）

生命之輪牌陣

　　這是一個非常棒的牌陣，因為你可以從中看到兩種風景。首先，生命之輪的「輪輻」顯示了你生活中不同領域的演變。其次，當你從生命之輪中心向外移動時，你可以看到過去、現在和未來的主題。解釋這個牌陣時，請確保同時解釋輪輻與時間流相關的牌。

　　牌1、牌6和牌11是自我，亦即你的自我意識、你的自我認同：

　　　　1：過去

　　　　6：現在

　　　11：未來

　　牌2、牌7和牌12是愛情，亦即愛情、羅曼史和情感關係：

　　　　2：過去

　　　　7：現在

　　　12：未來

　　牌3、牌8和牌13是家庭，亦即你的物質生活空間和家庭：

　　　　3：過去

　　　　8：現在

　　　13：未來

牌陣35：生命之輪牌陣（人生綜覽）

牌4、牌9和牌14是工作，亦即工作、職業、計畫、金錢、財
務：

　　4：過去

　　9：現在

　　14：未來

牌5、牌10和牌15是朋友與社交生活，亦即朋友、團體、嗜
好、你因為好玩而做的事情：

　　5：過去

　　10：現在

　　15：未來

牌1到牌5是過去：過去的能量、趨勢和影響。

牌6到牌10是現在：當下的課題、趨勢、能量和影響。

牌11到牌15是未來：未來的課題、趨勢、祝福和挑戰。

變化版：有很多機會可以客製化這個牌陣。這裡列出的類別是自
我、愛情、家庭、工作與朋友。你可以輕易地改變這些分類來配
合你的需求。需要的話，你也可以加上許多輪輻。例如，如果你
對探索你的關係更有興趣，但對於解讀工作不感興趣，那就整個
刪掉工作的部分，用柏拉圖式的關係來取代，也許可加上「兄弟
姊妹」這一項。

是非題牌陣

　　是非題牌陣有很多經典款，我會在這裡分享一些。現在並沒有那麼多的是非題牌陣，因為在過去三十年，不用簡單的是非題去解讀是大勢所趨。這反映了當代人對於解讀塔羅牌的信念。例如大多數塔羅占卜師有個普遍的假設是，未來並不是絕對肯定的，因此不可能對任何問題說「是」或「不是」。

　　然而，提出問題並得到一個明確的「是」或「否」的答案是務實又有益的，這也讓人有力量，因為一旦人們曉得預期會發生什麼，他們就可以計畫如何去應對了。這種想法正變得愈來愈普遍，因此這些類型的解讀又重新流行了起來。也許你會成為下一個偉大的是非題牌陣創造者。在此之前，以下列出我用過的一些牌陣。

是／否神諭牌陣

是／否神諭牌陣是埃瑞斯‧沃瑞爾（Irys Vorel）在一九五五年二月，於《命運雜誌》（Fate Magazine）中以一篇標題為〈吉普賽人如何使用塔羅牌〉（How the Gypsies Use the Tarot）的文章發表的。在那個年代，占卜帶有一點神祕感和戲劇性。他們根據的是事件和經驗。就我個人而言，我認為他們做得不錯，因此我喜歡這個牌陣。這個牌陣要比現代占卜師所熟稔的還要更長一點，內容也更複雜一些，但至少要試一試。

1. 在紙上寫下你的問題或疑問，答案可以為「是」或「不是」。別寫「我應該嫁給瑞克還是傑森？」這類模稜兩可的問題。這類問題應該拆成兩題來問。

2. 從你的牌堆中移出命運之輪這張牌，將它正面朝上放在你眼前。

3. 專注在你的問題上，然後洗其餘的牌。讓塔羅牌牌面朝下，變成扇形。用你的左手隨機抽出七張牌，牌面朝下放在命運之輪上方。將剩下的牌放在一旁。

4. 把命運之輪牌面朝下，就像其他七張牌一樣。洗這八張牌，直到你不曉得哪一張是命運之輪爲止。

5. 在由四個位置組成的正方形中分配這八張牌，以便讓每個位置有兩張牌。

6. 翻牌，找到命運之輪。它所在的位置給了你答案：

   • 如果命運之輪落在第一個位置（牌1和牌5），表示「是的」，而且這是對問題快速有利的解決方案。

   • 如果落在第二個位置（牌2和牌6），意味著很快會發生而「你不應該過度追求你的利益」。

   • 如果落在延遲的位置（牌3和牌7），表示有一些障礙需要克服。

   • 如果落在否的位置（牌4和牌8），則表示必須做調整，因爲當時的情況阻礙了和諧地解決這個問題，因此這個願望無法即刻實現。在改變之後，同樣的願望也能夠得到肯定的答覆。

7. 若你的答案是在延遲或者否的位置，那麼就看看在布局中的所有牌（逆位的牌沒有特別意義）：

- 許多金幣代表財務上的障礙。

- 寶劍顯示出了對立。

- 權杖建議旅行和改變。

- 許多聖杯表示幸運的情況,最終會有個圓滿結局,特別是當中有聖杯一的話。

- 許多大阿爾克納牌表示情況不在你的掌控之中,只能聽天由命。

- 許多宮廷牌象徵其他人的願望決定了結果。

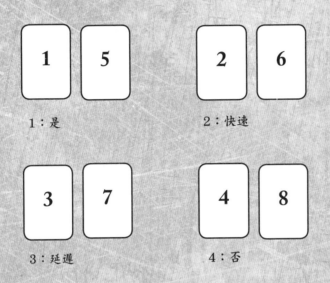

1：是　　　　　　　　2：快速

3：延遲　　　　　　　4：否

牌陣36：是／否神諭牌陣

瑪莉・K・格瑞爾的是非題牌陣

我非常喜歡這個牌陣的原因有幾個。我是從瑪莉・K・格瑞爾（Mary K. Greer）的《跟著大師學塔羅》（*Tarot for Yourself*）一書中，第一次學到這個牌陣。首先，它既簡單又能給出清楚的答案。其次，它採用簡單的答案，並使用同幾張牌進行更深入的解讀，從而提供洞見和建議。你必須確認你在解牌的時候也考慮到了逆位牌，這樣解讀才會精準。

先簡單洗牌，並照你平常做的那樣發出三張牌。計算正位牌與逆位牌的數量，牌2要算成兩票，牌1和牌3各為一票。

在右頁的範例中，你會需要計算一次逆位和三次正位。聖杯七算一票。死神是第二張牌，算兩票。權杖一算一票。可以將這想成牌2獲得兩票，牌1和牌3僅各獲得一票。

一旦你算出了結果，解牌就輕而易舉了。假設結果是正位牌得到三或四票，那麼答案即是肯定的；假設逆位牌得到三或四票，則答案便是否定的。

要是兩種牌各占一半，結果就是還沒決定。這個時候，你的答案並不符合你的最大利益，或者你的問題表達得並不恰當或明確。

牌陣37：瑪莉・K・格瑞爾的是非題牌陣

在你確定了答案之後，拿你抽中的三張牌來做解讀，比如過去—現在—未來，或是情況—挑戰—建議。

變化版：這種簡單的變化版只是把所有的牌各算成一票，這樣就不會出現平手的結果。如下所示：

- 所有的牌都是逆位：絕對是否定的。
- 兩張牌逆位：可能是否定的。
- 兩張牌正位：可能是肯定的。
- 所有的牌都是正位：絕對是肯定的。

如果你選擇了這個變化版，你可以讓它保持簡單，在確定答案後就結束解讀，或是繼續用三張牌牌陣的形式來解讀塔羅牌，比如過去—現在—未來，或是情況—挑戰—建議。

是／否王牌牌陣（是非題）

　　我是從泰瑞莎・里德（Teresa Reed）那裡學到這個技巧，她也被稱爲塔羅小姐（Tarot Lady）。我學了之後，發現它是許多占卜師使用的經典技巧。這個方法只用到小阿爾克納牌，所以要把它們跟大阿爾克納牌分開。

　　把牌準備好之後，從上面開始發牌。一張一張地翻牌，直到獲得一張王牌（Ace）或發出十三張牌爲止，以先到者爲準。重複發牌，直到你有了三疊牌。

　　如果有三張王牌在上面，答案即是肯定的；有一或兩張王牌，答案顯然是有機會（當然，一張王牌意味著可能性比兩張王牌小）；如果沒有王牌露面，那麼答案就是否定的。

　　你可以在這裡結束解牌，或是如同瑪莉・K・格瑞爾的是非題牌陣所述，囊括三張牌的解讀技巧。

布勒杭特的是非題牌陣

　　這個珍寶可以在蘇西・布勒杭特（Susyn Blair-Hunt）的《塔羅預測與占卜》（*Tarot Prediction and Divination*）一書中尋得。它已經成為我最喜歡、最仰賴的是非題牌陣之一了。在某些方面，它類似其他基本的是非題牌陣，但並不依賴逆位牌，因此適合那些只用正位牌的占卜師。

　　像平常一樣洗牌和切牌，在如下這個簡單的五張牌行列中：

牌陣38：布勒杭特的是非題牌陣（是／否問法）

　　計算奇數位置的牌和偶數位置的牌的數量。所有的大阿爾克納牌都算是偶數，所有的宮廷牌都算是奇數，數字牌是奇數或偶數則取決於其數字而定（2、4、6、8、10為偶數，1、3、5、7、9為奇數）。

　　所有偶數的牌都表示一個明確的「是」，所有奇數的牌則
意味著肯定的「否」。大多數的偶數牌都代表「如果……，那
就是肯定的」，或者「是的，不過……」。對於大多數的奇數
牌，情況則恰恰相反。偶數牌或奇數牌愈多，是或否的相對關
係就愈強。

　　然後繼續以你喜歡的方式解讀這五張牌。對我來說，我會
把它們當成是一個連貫的故事來解讀。

戀愛與羅曼史牌陣

許多占卜師稱這些牌陣為「衣食父母」，因為幾乎每個人都想了解愛情。他們會談戀愛嗎？這段戀情能長久嗎？要怎麼做才能讓感情更好？一般的牌陣便可以處理好這類問題，但是所有戀人似乎都有一些共同的問題，需要有能擔保他們關係的專屬牌陣來協助他們。

三張牌關係牌陣

說到迅捷又具備清晰洞見的牌陣，你可贏不了三張牌牌陣。一如往常，一旦你奠定了資訊的基礎，你便可以用更多的牌陣來尋求進一步的細節和建議。

如果你處於一段關係當中，就以這簡短又甜蜜的牌陣來取得資訊。

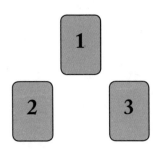

牌陣39：三張牌關係牌陣1（關係綜覽）

1：這段關係

2：你

3：你的伴侶

如果你的感情生活舉步維艱或停滯不前，那就注射一點強
化劑來啓動它。

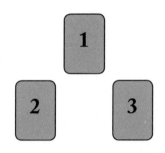

牌陣40：三張牌關係牌陣2（提升戀情品質）

1：你的感情生活

2：你需要知道什麼

3：你可以做什麼

想知道你的另一半有什麼感受嗎？以下這個牌陣可以幫助
你了解他或她會從哪裡來。

···
牌陣41：三張牌關係牌陣3（了解伴侶）

1：她／他喜歡什麼

2：她／他不喜歡什麼

3：她／他希望你知道的事情

兩副牌的塔羅牌陣

這個牌陣有點震撼。它是為解讀一對情侶而設計的。更有意思的是，如果每個伴侶使用不同副牌，意味著在解牌的兩端可以出現同張牌。要是你用上兩副牌，就為第一個位置抽兩張牌，有一副牌就抽一張。

1：關係的狀態（若你使用兩副牌，你會在這裡用上兩張牌）。

2～3：你覺得你應該要有什麼感覺。

4～5：你實際上有怎樣的感覺。

6～7：你正在計畫的事情。

8～11：改善這段關係的建議。

這是一個簡單的兩副牌牌陣，可以很輕易地比對你的感覺和經驗。不過，不要忘記同時解讀每個人那一排的牌。比較兩張牌會得到很多資訊，但是比如和牌2、牌4和牌6一起解讀，將會更加生動地描繪出人物A的經驗。牌8和牌9意味著對人物A的建議，牌10和牌11則是給人物B的建議。要確定這兩個人都願意，並且非常敞開、誠實地面對將要發生的事情。我的塔羅第一條守則是：如果你不想知道，就別問了。

變化版： 再加上兩張牌（從每一副牌中抽出），變成牌12和牌13，把它們放在中間最下方，當成是為這對情侶綜合解讀的建議。

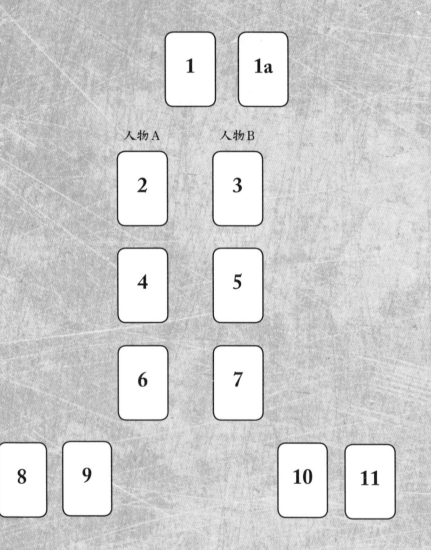

人物 A　　　　人物 B

牌陣 42：兩副牌的塔羅牌陣（關係）

他會回心轉意嗎？

許多人在心碎或是關係遇到危機時會去找塔羅占卜師。通常他們重要的戀愛關係已經結束了。由於他們還沉浸在強烈的痛苦之中，無法想像沒有另一半的未來，因此他們常常想知道：「他（或她）會回心轉意嗎？」一個簡單的是非題牌陣、甚至是一個靈擺（許多占卜師在這些情況中會用上它），就可以回答這個問題。然而，以下這個牌陣給的資訊更多。它會回答問題，但無論答案是什麼，它都會給予提問者在前進的過程中能用上的資訊。

牌陣43：他會回心轉意嗎？（關係）

先用布勒杭特的是非題牌陣（參見第130頁）來回答這個問題。接著詮釋以下的牌：

1：為什麼你希望這個人回心轉意？

2：為什麼你不希望這個人回心轉意？

3：（過去）哪裡出了問題？

4：該放下什麼？

5：要學習什麼功課？

尋愛牌陣

一個常見的問題是：「我什麼時候能談戀愛？」這個牌陣分成兩個階段來問會比一個階段更好。第一個部分是回答這個問題：「未來三個月，愛情會進入我的生活嗎？」請隨意插入你的時間框架。第二個部分是基於第一部分的答案給予的建議。很美妙，對吧？

牌1～3：無論如何，占卜師可以選擇將這些牌放在一起解讀來回答這個問題：「這三個月會有新的戀情出現嗎？」如果你沒有自己專屬的方法來判斷是非題的答案，可以使用本節前面描述的方法之一。

第二部分是把牌A、B和C添加到第一部分。

• 如果第一部分的答案是否定的，就這樣運用：

　牌A～C：把這些牌放在一起解讀，回答這個問題：「我要怎麼做才能讓戀情進入我的生活呢？」

• 如果第一部分的答案是肯定的，就這樣運用：

　牌A～C：把這些牌放在一起解讀，回答這個問題：「關於這段即將到來的戀情，我需要知道什麼？」

第一部分（排列成愛心的形狀）：

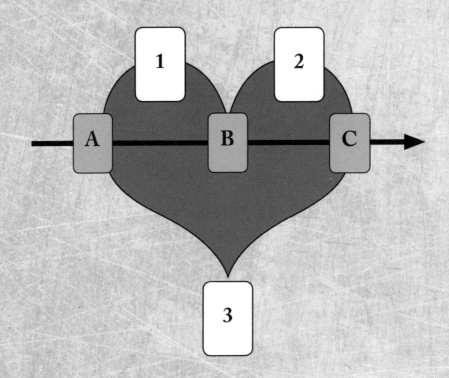

牌陣44：尋愛牌陣

真愛牌陣

如果你要與某人約會，那麼你可能會想知道這段戀情是否值得追求。陷入興奮和劇情中是很容易的，但後退一步並仔細了解整個關係，或者更具體地說是如何看待關係，則是很有幫助的。這個牌陣為你提供了一個綜覽，概述了你如何在各個方面與他人互動，為你提供了很多思考的養分。

注意：牌6不能跟其他牌放在一起；取而代之的是，提問者會在解讀結束時才抽這張牌。

---

1. **你的直覺**：你對他人以及這段關係的直覺。這可能是你提出這個問題的真實原因。它可能是你無法用邏輯解釋的某種認知感受。

2. **身體反應**：你對這個人的身體反應。你們之間有特殊的化學反應嗎？肉體方面的關係是否令人滿意呢？這也可能涉及交往時的協調運籌方面，例如距離。

3. **情緒反應**：你對這個人的情緒反應。這段關係是否鼓勵平衡、健康的情緒？或者八點檔中的情節也是樂趣的一部分？還是缺乏情緒上的親密感？你有什麼感受呢？

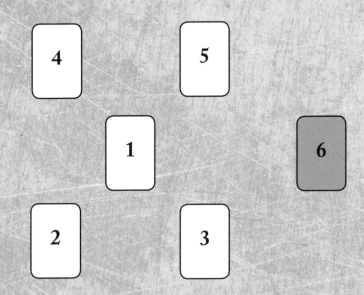

4. **心智反應**：你對這個人的心智反應。你是否在心智上受到刺激，感到無聊或受到威脅？交談是一種樂趣嗎？這張牌也可以代表你們如何處理爭端或是一起面對挑戰。

5. **心靈反應**：你們心靈上的契合度。你受到啟發了嗎？和這個人在一起，會讓你想用積極的方式成長和改變嗎？是否存在一些可能會導致未來重大問題的爭議呢？

6. **問題**：你需要問自己的問題。這可能是最重要的一張牌，它觸及了問題的核心，指出了你在繼續前進之前需要考慮的主要問題。

　　和尋常的十字牌陣相同，牌1跟牌2到牌5有關。在充分討論完牌1到牌5之後，將剩下的牌攤開，讓提問者抽一張牌，這即是牌6。你會發現，牌6通常會直接切入主題，給出非常明確的答案。那為什麼不跳過其他所有的牌呢？在討論各個領域的過程中做些準備，會使牌6更具意義。

改善愛情關係牌陣

如果你已經在一段令人滿意的長期關係中，那麼你已經知道良好的關係需要付出努力和注意力。無論你所面臨的環境是什麼，這種牌陣都是有益的 —— 無論你正在經歷的是困難時期，情況是穩定的（近乎停滯），或者有許多變化（好的、中性的或壞的）正在發生。記住，解牌是針對你做解讀時的那個時間才算數。當你周遭的環境改變時，你的優缺點和建議也會改變，因為這些都是與現況相對的。

1. **優點**：目前這段關係最重要的優點。這是你可以運用的積極能量。

2. **長久因素**：關係中已經存在並將繼續存在的要素。這是你可以依靠的穩固能量。

3. **缺點**：這段關係中可能導致問題或亟需注意力的弱點。這可能會耗竭能量。

4. **該做的事**：你應該做的事情。這能將你的生活以及關係中的積極面發揮到極致。

5. **不要做的事**：你應該別做或是停止做的事情。那可能看起來
有些正確，但實際上不是目前最好的選擇。

6. **指引之星**：你對於這個情況最高和最大的期望，它可以指引你
所有的步驟。如果有什麼能讓你離這個期望更近，那就去做。

前三張牌奠定了金字塔和關係的基礎。牌1應該跟牌4做
比較，看看它們如何一起運作，牌3和牌5也是一樣。牌6很
可能是牌2更高的振動型態或是表達方式。

		6		
	4		5	
1		2		3

牌陣46：改善愛情關係牌陣

療癒心靈牌陣

當感到悲傷、憤怒或害怕時，很容易迷失在情緒中，看不到問題所在。這個牌陣確定了情感的根源、症狀，以及減輕傷痛的方式。

1. **根源**：痛苦真正的根源。
2. **和 3. 症狀**：痛苦的症狀。
4. **必需品**：你內心需要什麼，才能讓你感到平靜並遠離痛苦。
5. **行動**：為了療癒你的心靈所需採取的行動。
6. **結果**：痛苦能促進成長和改變。這就是你在療癒後會有的不同之處。

牌1至牌3形成了內心充滿痛苦的經驗。牌4和牌5是你必須要得到的。在整個經驗的中心，隱藏在痛苦與療癒之間的是結果，也就是牌6。

4

5

6

2

3

1

花束牌陣

花束牌陣體現了一種關係 —— 無論是戀情、友情或親情 —— 它的靈感來自於聖甲蟲出版社出版的《花卉精靈塔羅牌》。

在維多利亞時代，社會禮教非常嚴格，男女之間依靠無聲的語言來傳達他們本來必須隱藏的感覺，花朵於是成為象徵性語言的重要部分。每朵花都有其涵義，不同的顏色也有著不同的意涵。花朵的呈現甚至也有意義，無論是用左手還是右手拿著花，或者繫著花朵的絲帶落在一邊還是另一邊……這一切都有意義。聽起來有點像是解塔羅牌，不是嗎？

1. **第一朵花**：這張牌代表這段關係什麼地方使你最為開心。這可能是你在戀愛中的感受，是與你所愛的人有關或與其他事物有關的事情。如果這張牌代表負面的事物，就要特別注意了，因為通常正面的事物才會讓人感到高興。

2. **第二朵花**：這張牌代表你對所愛之人有何感受。你可能會有很多感覺。但是就解讀而言，這張牌所代表的感覺會是最重要的，尤其是在緞帶和花莖的牌。

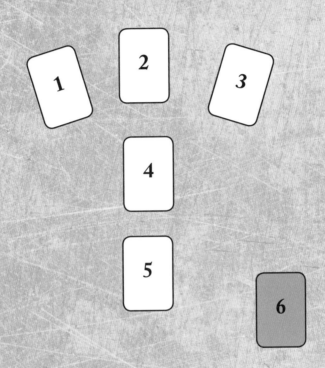

牌陣48：花束牌陣（關係）

3. **第三朵花**：這張牌代表你對這段關係的擔憂。這可能與你自己、他人或關係的未來有關。

4. **緞帶**：這張牌代表你們兩人之間的連結。它可能是一段健康的愛情、一段不健康的感情、一種癡迷、依賴、恐懼或義務。很多事情會讓人對其他人產生依戀。注意它是正面的意思還是負面的意思，以及這張牌與三朵花的關係。

5. **花莖**：這張牌代表你所持有的東西。從長遠來看，這很可能是你所希望的，例如婚姻、幸福、寬恕或穩定。花莖牌通常是你維持這段關係的原因。

6. **建議牌**：這張牌不會跟其他牌放在一起。在解讀的尾聲，正面朝下，以扇形攤開其餘的牌，並挑一張牌。這張牌就是建議的信息。它可能直接與花莖牌有關，是對於花莖牌優缺點的建議。

當你詮釋這個牌陣時，要注意前三張牌如何與緞帶牌有所關聯。通常一個人在一段關係中喜歡與不喜歡的東西，是將他們維繫在一起的基礎。相反的，如果花朵與緞帶之間似乎沒有任何聯繫，那麼這也揭示了一些關於這段關係的事情——通常你對這段關係的看法跟你所愛之人的看法並非基於相同的事實。在這種情況下，看看花朵與花莖之間的關係……也許你更在乎的是未來，而非現在。

金錢牌陣

在我的實務中，我發現大多數提問者都對愛情或金錢有疑惑。關於金錢問題，我一般會用通用牌陣來解決。如果他們正在幾個工作機會或不同的職業方向之間做選擇，我會使用第85頁芭芭拉的通用十字牌陣或是第25頁的選擇牌陣。如果他們遇到了與老闆、同事或某個專案有關的麻煩，我會使用建議牌陣，比如第92頁的顧問圈牌陣或是第94頁的四元素建議牌陣。有時當某人對工作有疑慮或不滿意時，我會改編關係牌陣來用，例如第140頁的真愛牌陣。人們與工作的關係，往往就像跟親人的關係一樣密切，所以相似的牌陣對兩者都適用是有道理的。

但是我開發了兩種牌陣，用於處理與金錢相關的更深層次問題。對工作的疑問或擔憂有時候會掩蓋潛在的問題。以下的牌陣在揭露你追求豐盛或財務成功的阻礙時很有用處。

財務概況牌陣

這個牌陣顯示了你對金錢的各種態度。在這裡，我們用宮廷牌來代表你與金錢的關係，以及對金錢的反應。

拿出你的宮廷牌並洗牌。接著發出四張牌：

1. **情緒上的態度**：你對金錢的感受。金錢代表你獲得所需之物的方式嗎？它是安全的嗎？它是權力嗎？它是「邪惡的」嗎？它代表貪婪或缺乏靈性嗎？這如何影響你的金錢狀況呢？

2. **心智上的態度**：你在心智上對金錢的理解。如果去除了情感和實際需求，這就是你對金錢和財務的邏輯理論。這個理論跟你的做法有多接近呢？

3. **實務上的態度**：你實際上在日常生活中如何運用金錢。你如何籌謀預算、如何衝動（或不）消費、如何規劃未來（或不規劃）。其他三張牌如何影響這張牌呢？

4. **心靈上的態度**：你對金錢以及給予、分享和慈善的看法。這也顯示了你對金錢、資源與能量交換有關的宇宙形而上法則有何感受（或是沒有感覺）。

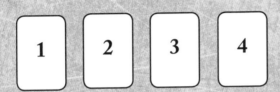

牌陣49：財務概況牌陣（經濟狀況）

豐盛概況牌陣

豐盛與金錢之間是有區別的。你可能會發現自己可以過著豐盛的生活而不必全神貫注於金錢，或者你對金錢的在意正在妨礙你過豐盛的生活。

1. **對於金錢的態度**：這張牌顯示了金錢在你對金錢與豐盛的信念中所扮演的角色。

2. **對於富足的態度**：這張牌顯示了豐盛在你對豐盛與金錢的信念中所扮演的角色。

3. **需求**：你如何確定「需求」？你的需求滿足了嗎？你是否覺得自己一直都需要錢呢？你有過真正需要幫助的時候嗎？

4. **慾望**：你的慾望是否驅使了你呢？當你沒得到滿足時，慾望會激勵你，還是會讓你在沒有稱心如意時覺得不滿？

5. **給予和分享**：你慷慨大方嗎？為什麼？什麼原因驅使你給予和分享呢？給予和分享如何影響豐盛呢？

6. **賺錢**：你覺得自己獲得的一切都需要靠自己去掙得嗎？人一定要去「掙得」富足嗎？

7. **接受**：你在接受的時候是謙遜的嗎？你會無條件地接受，還是心裡覺得互不相欠？

8. **增益**：這張牌是來自宇宙的建議，告訴你如何才能增進你生命中的豐盛。

你對金錢與豐盛的態度形成了牌陣的中心，如牌1和牌2形成了一個十字。要注意它們是如何互補或相互矛盾的。牌3和牌4是你的需求和慾望，是推動和拉動你對金錢與豐盛核心信念系統的要素。牌5到牌7處理資源的流入和流出，這些問題往往是金錢與豐盛問題的基礎。

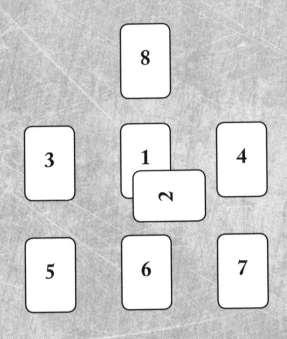

牌陣50：豐盛概況牌陣（財務上）

變化版：在你解釋完其他所有的牌之前，不要發牌8。接著如果有一個特定的問題（除了已經賦予位置涵義之外的問題），請使用牌8來回答該問題。在這麼做的時候，請嘗試以扇形攤開牌，然後讓提問者抽出這張牌（即使你通常不讓提問者洗牌或切牌）。拿著這張牌直到最後，然後讓客戶選牌，這就顯得尤其重要，就像我們在第140頁看到的真愛牌陣和第148頁的花束牌陣。

健康牌陣

據說在愛情和金錢的問題之後，健康是下一個最受關注的議題。一般而言，這可能是正確的，但在我的實務中卻並非如此。當我的客戶對自己的健康有疑問時，他們通常會有特定擔憂的領域。在這些情況下，我會使用通用牌陣來找出我們需要知道的內容。只有幾次，我爲沒有實際顧慮、問題或症狀的客戶做過一般健康的解讀，因此，我只有一個針對健康的特定牌陣，它是基於天宮圖牌陣而來的。如果你想要一個概述，可以從這個牌陣開始；然後如果你看到一個問題，可以切換到不同的牌陣來獲得更具體的信息。

　　1：頭部

　　2：喉嚨和甲狀腺

　　3：肺、神經和肩膀

　　4：胃和胸

　　5：心和脊椎

　　6：腸和下背

　　7：腎臟和結腸

　　8：生殖器官

　　9：臀部和大腿

　10：膝蓋、關節和骨骼

　11：循環和腳踝

　12：腳、免疫系統、精神問題和成癮

牌陣51：健康牌陣（整體健康綜覽）

特殊牌陣

這些牌陣不屬於以上任何分類，它們很有可能不會回答你一般對塔羅提出的問題。無論如何，塔羅牌並不僅是可以回答顯而易見的問題。這是關於深入探究哲學、心靈和具有挑戰性的問題。它在你的心理、頭腦和靈性當中摸索，看看你找到了什麼。如果你想用你的牌，但又不想問一些世俗的問題，以下這些就是很好用的牌陣。

儘管日常的問題和答案是人生和你的塔羅練習中的重要部分，但你可以在接下來的特殊牌陣解讀中找到輝煌而出乎意料的寶藏。請記住，由於它們的性質，這些牌陣更有可能突破你的侷限。你要準備好對自己非常誠實。

本小節中的前四個牌陣是受到大阿爾克納牌的啓發。這二十二張強大的牌可以激發出美麗而具深刻意義的牌陣。

回應召喚牌陣

在某種程度上，審判牌與聽到一個召喚有關。在這個時刻，你會感到被某種比你自己更大的事物所驅使。這些召喚可能很難回應，因為它們可能很強大，但有時很含糊或是與你目前的思考方式截然不同。這樣的牌陣有助於釐清召喚，並對於如何回應召喚給出建議。

1. **召喚**：召喚的性質。這是問題的核心、是變化的重點、是溝通的主要能量。
2. **心靈的回應**：這是你以心靈回應這個召喚的方式。它可以顯示出心靈信仰或做法的轉變。
3. **心智的回應**：這是你以心智回應這個召喚的方式。它可能與學習、思維或溝通有關。
4. **情緒的回應**：這是你以情緒回應這個召喚的方式。它可以告訴你有關感情或人際關係的資訊。
5. **身體的回應**：這是你在身體上回應這個召喚的方式。它可以告訴你，你能做什麼或要採取什麼行動。

變化版：這個解讀只是針對你的大阿爾克納牌。然後洗你的小阿爾克納牌，在牌2到牌5的位置抽一張大阿爾克納牌，並將它們解讀成每個「回應」在「現實生活」中的表現。也就是説，在你回應這個召喚之後，你的生活在你的日常經驗中會是什麼樣子？

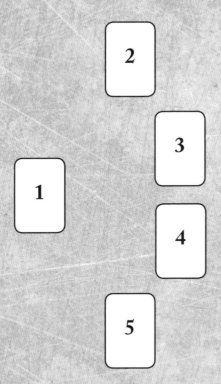

牌陣52：回應召喚牌陣（靈魂旅程）

穿越陰影牌陣

月亮牌就像月亮一樣，可能會令人著迷。然而，它也可以代表一條危險的道路，穿過一個充滿恐懼、使人心煩意亂之物與幻象的地方。如果你感到困惑，正在經歷黑暗的時刻或認為自己受到欺騙（無論是被自己的想法還是因為一個情況所欺），這個由月亮牌啓發的牌陣是最適合的。

這些位置反應了一張傳統的月亮牌，牌面上有龍蝦、吠叫的狗、塔和一條小徑。開始前，分開主要的大阿爾克納牌，洗牌，並為第一個位置（月亮）抽出一張牌，放下來，正面朝上。然後從大阿爾克納的牌堆中抽一張牌7（代表小徑），正面朝下擺放，在你解釋完其他牌之前不要翻面。接著重新洗整副牌，把大牌重新組合到牌組中，並擺放牌2到牌6。

1. **月亮**：這是反映真理或太陽之光的結果，比喻你對真理的看法。透過辨認你所認定的「真理」，你可以更恰當地解釋你所看到的和所經歷到的。

2. **龍蝦／螯蝦**：這是你在這種情況下或這個時刻，內在最深的恐懼。如果你不小心，它會扯你後腿，讓你停止進步。

3. 和 4. **是狗與狼**：這些是外在的恐懼、令人分心的事物和幻覺。這會讓你看不見自己真正的道路，把你引向錯誤的方向。狗可能代表你或你的生活所熟悉的事物，狼則可能代表你認為未知的事物。

5. 和 6. **是塔**：塔將照亮你的道路。它們可能會揭示陰影中隱藏的事物，而你或許忽略了這些事物。

7. **小徑**：這是你此刻注定要走的道路所具備的本質。讓這張牌成為你前進的嚮導。

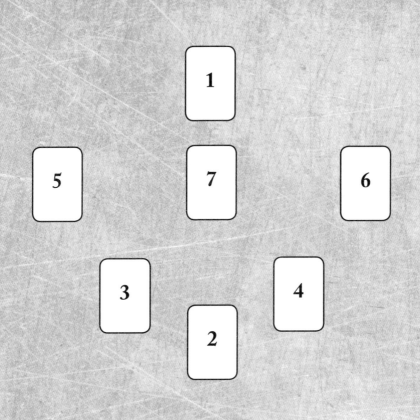

牌陣53：穿越陰影牌陣（當恐懼和困惑時）

命運之輪牌陣

改變人生的重大事件是令人興奮的，這可能很嚇人，並常常讓你頭暈目眩。對將要發生的事情有所了解會有些安慰，可以幫助你為改變做準備，並且協助你辨識和運用你生活中到來的新能量。

在某些牌中，命運之輪牌面上的輪子顯示了四個角色，每一個角色都有一個箴言。左邊的角色是*regnabo*，或者說「我將統御」。上方的角色是*regno*，或者說「我統御」。右邊的角色是*regnavie*，或者說「我已經統御」。下方的角色是*sum sine regno*，或者說「我沒有統御權」。這些圖像顯示了生命確實在周而復始，不同的事物一直在我們的人生中進進出出。雖然目前支配我們的能量影響是最大的，但進出我們人生的能量也很重要。不存在的能量也很重要，因為它的缺席亦具有影響力。

使用這個牌陣的時候，我喜歡像往常一樣洗牌，然後擺放牌1到牌4。接著，我會從這副牌的底部取出一張牌，將它當作第五張牌來擺放。我認為最下面的那張牌是一堆可能性的基礎，因此它是命運之輪的中心也就說得通了。

1. **我統御**：這張牌代表當前影響最大的能量或狀況，並且是即將改變的部分。如果這是一張正向的牌，那麼你可能並不期待改變；如果這是一張不愉快的牌，那麼改變可能會受到歡迎。

2. **我已經統御**：這張牌代表你人生中剛經歷過的能量或影響，但仍然有一定的影響力。考量一下你對這張牌的反應，因為它可以代表未完成的事業、未學到的人生課題或是情感包袱，這些都會阻礙你順利過渡到下一階段的生活。

3. **我將統御**：這張牌代表即將到來的里程碑所帶來的新能量。同樣的，無論是正面還是負面的能量，請仔細評估你對這件事的反應。在某些方面，這（以及中央的牌）是牌陣中最重要的，也是你可能最感興趣的。

4. **我沒有統御權**：這張牌代表過去、現在與即將到來的情境缺乏的能量。缺乏某些東西，同樣也能說明現在有問題存在。它挑明了你的生活缺乏一種必要的平衡或是有著潛伏的干擾。

5. **中間的牌**：這張牌代表你生命中永恆不變的東西。這是你個性或生活的一個面向，可幫助你在即將到來的變化中保持穩定。能夠專注於某件穩定的事情很重要，這樣你就不會茫然或不知所措。

3　　5　　2

4

牌陣54：命運之輪牌陣（重大生涯轉換）

　　仔細檢查前三張牌後，請查看「我沒有統御權」這張牌。這股能量與前三張牌創造的模式有何不同？你對這張牌有何反應？它是否表示可能干擾你的事物，還是代表為了專注於其他事情而不得不擱置的生活領域？你可能會想將這張牌解讀成你生活中缺乏的東西，而你應該去培養它。不過，請抗拒這股衝動，因為它可能不是真相。生活中有時需要平衡，也有時需要有紀律地專注。在這段期間，平衡不僅是不可能，而且也不符需求。花點時間在這張牌上，思考一下如果你能把那股能量帶到現在，事情會有何變化。

　　你也要花時間比較中間的牌與其他的牌。中間的牌是一直沒有變的事物，也將不會有所改變，它會在某種程度上動搖並影響其他所有的牌。事實上，如果你看不出前三張牌的進展，你要試著將它們和中間的牌串聯起來，就好像它們是這張牌的不同面向一樣。

即知即行牌陣

人們對於教皇牌不是愛就是恨。對那些不在乎第五張大阿爾克納牌的人來說,它代表著壓迫和僵化的教條;對那些喜歡這張牌的人而言,你會找到牌義的許多選項。這張牌的啓發來自於我對這張牌的理解,它代表了靈性與日常生活的交集。也就是說,我們在日常生活中如何表達我們的信念?我們要如何說到做到呢?

在開始之前,把你的牌分成大阿爾克納與小阿爾克納。把大阿爾克納牌放在位置1到6,那代表你的神性(或高我)與理想;把小阿爾克納牌放在位置7到12,那代表你在日常生活中的實踐。

| 1 | 7 |

| 2 | 8 |

| 3 | 9 | | 4 | 10 | | 5 | 11 |

| 6 | 12 |

牌陣55：即知即行牌陣（靈性旅程）

頭部：

  1：你相信什麼——你主要的心靈信念或哲學。

  7：你如何實踐你的信念——你運用自己信念的方式。

嘴：

  2：你的訊息——你與這個世界分享自己信念的部分。

  8：你向別人說了什麼以傳遞你的信念。

左手：

  3：你對於給予和分享給他人的信念。

  9：你是如何給予並分享給世界的。

心：

  4：你內心最深處的感受。

  10：你如何向世界表達這種主要的感受。

右手：

  5：對基於你的信念而採取的行動，你有何看法。

  11：你實際上為實踐自己的信念做了什麼。

腳：

  6：你正在走的路，以及你想要走的路。

  12：你如何走這條路，以及你實際上如何前進。

　　這個牌陣讓比較理想與實務變得容易了。你可以一目了然地看到你的行為如何反映（或不反映）你的信念。當某個領域對你來說很棘手的時候，藉由你的小阿爾克納牌去找到一個更接近你想要的結果，然後決定如何實現它。如果你的某些信念或理想不是你想要的，請瀏覽大阿爾克納牌並進行更適當的選擇，然後確定如何將這個理想納入你的信念體系。

　　為了進一步深入這個牌陣，你要衡量各個部分是如何串聯起來的──「頭部」是如何指示或指揮身體的其他部位呢？「心」的能量會散發到四肢嗎？「手」和「腳」是否與身體其他部位協調運作呢？你的「嘴」有與你的「頭」或「心」更緊密的連結嗎？還是兩個都沒有？

人生階段牌陣

　　箴言都是鼓舞人心的。當你發現一個特別跟你有共鳴的箴言，可試著用它來創造一個牌陣。當我讀到詩人梭羅寫的這段話時，我甚至想都不用想……就在我逐段閱讀之際，這個牌陣自然而然就現身了。

過好每一個流逝的季節

呼吸新鮮空氣

喝可口的飲料

品嘗美味的水果

讓自己感受它們對你的影響

　　透過你的牌，選擇一張牌來代表你正在經驗的季節或是即將到來的季節，並放在牌1的位置。接著像往常一樣洗牌並擺放其餘的牌。

1：你所處的季節。

2：這個季節帶給你什麼樣的生活。

3：這個季節讓你振奮的是什麼。

4：這個季節滋養你的是什麼。

5：你在這個季節必須要忍受的是什麼。

牌陣56：人生階段牌陣（活在當下）

173

變化版： 你可以解讀這個牌陣與一年中的季節相關的訊息，只需按照前面的建議去選擇代表你所處季節的牌即可。或者如果你想的不是天氣相關的季節或基於日曆的季節，而是想更加了解人生中的某個階段，那就試試這個變化版。把你所有的牌都拿出來洗牌，並如往常一樣擺設所有的位置。不要選擇代表季節的牌，相反的，讓塔羅來提供這張牌，並揭露對於你目前所在階段應該知道的訊息。

太平冬至牌陣

時間回到二〇〇七年十二月，塔羅牌創作者喬安娜·波渥·寇伯特（Joanna Powell Colbert）寫了一篇關於太平日子的文章：

這些日子是冬至前後的時間，當風平浪靜時，母翠鳥就能在河岸邊的鳥巢裡繁殖了。太平日子（Halcyon Days）已經成為一個片語，用來描述一段田園詩般溫暖、幸福與平靜的時光，在我們知道之前就已經結束了……

如果我是這個世界的女王，我就會制定每年十二月的太平日。我要宣布在冬至前一週和冬至後一週，不鼓勵任何人做「定期」工作或是「日常」活動。相反的，要將這段時間的一部分用於自我反省，藉此沉思過去一年與未來一年。

這些文字激發了我的靈感，讓我創造了太平冬至牌陣，它可以在任何時間內使用。「冬至」這個主題是隱喻的，意味著你在行動和忙碌之間的任何時間都保持冷靜和放鬆。

1：支點、關鍵點、至日點。

2～4：這些牌對應即將過去的一年。

5～7：這些牌反映未來的一年。

1：我現在所處之處的寫照，以及從過去經由它穿越到未來的關
鍵能量。

2：我需要拋諸腦後的事情。

3：我需要從中學習什麼。

4：我需要做的事情。

5：一個值得關注的機會。

6：我要面對的挑戰。

7：讓我能安度一整年的訊息。

看到牌2到牌4如何打通任督二脈梳理到牌1去，並且臆
想牌5到牌7是如何從這張牌衍生的，會很有意思。

牌陣57：太平冬至牌陣

你的個人神話之旅牌陣

希臘哲學家柏拉圖向我們引介了亞特蘭提斯的故事。他詳細描述了一個黃金時代，人們與自然彼此和睦相處。不幸的是，這個烏托邦就像人們經常做的那樣被徹底摧毀了。它消失無蹤，沒有留下任何痕跡——嗯，沒有物理上的痕跡。時至今日，它仍在人們的腦海裡與想像中留下了痕跡。

古代烏托邦社會的概念並非獨一無二。哲學家、作家和宗教創始人經常把它當作書寫的主題。而且，確實，我們作為一個人，也會做類似的事。我們大多數人的生活都有過一段美好的回憶，甚至具有浪漫色彩。在我們的腦海裡，那些回憶成了「我們生命中最美好的時光」，只是不知何故，之後的一切都變得沒那麼美好了。

這通常不是個問題，事實上還挺正常的。然而，如果這樣的記憶在一個人的腦海中變成了神話，便可能會妨礙人們找到幸福，甚至阻礙了他們對當下生活的滿足。

這個牌陣有助於理解「回憶」在你現在的不滿或不快樂中所扮演的角色，看到那個時期真正的優缺點，檢驗它的結果和仍然留下來的東西，並且學習利用它來創造一個更快樂的當下。

　　洗牌並攤開前五張牌，牌面朝下。然後將牌6的牌面朝上，放在第一張牌上面。最後一張牌，也就是神話，要先被解讀，然後放在一邊。接著一一揭曉其他的牌。我認為這種技巧可以為任何神話、甚至是我們個人的神話，增添史詩般的戲劇性。

6. **神話**：這張牌描述了你個人的神話時期影響著現在的回憶。

1. **亞特蘭提斯**：這張牌展現回憶被剝離的浪漫主義，亦即現實。

2. **優點**：這是這段時期你可能沒有發現到的真正優點或好處。

3. **缺點**：這是你可能已經遺忘的這段時期的弱點。

4. **大洪水**：這是你認為結束這段好時光的原因。

5. **遺留物**：這是你可以帶入目前生活的事物。

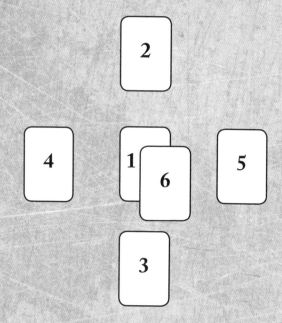

牌陣58：你的個人神話之旅牌陣（分析對現狀的不滿）

人生萬神殿牌陣

就像我們可能對神話感興趣或發現它的特殊意義那樣，不同的萬神殿也可能是如此。賽爾特人、埃及人、美洲原住民、印度人……在這些故事中，關於生死和人類經驗的智慧如此之多，有趣的問題也就很多了。

在希臘人的生活中，對神的尊敬比對他們的讚美多。希臘人認為世界確實是一個可以理解的理性之處。然而，命運三女神莫伊賴（Moirae）主掌了一切命運，其地位高於一切諸神，甚至包括眾神之王宙斯。

這個牌陣仰賴一些重要的希臘神祇來幫助我們理解自己的生活。六位神祇會坐在你個人的奧林帕斯山周圍，對你人生的各個方面給出他們的意見。在正中央，莫伊賴會在這裡安靜地坐到最後，然後給你一個特別的訊息。

1. **宙斯**：宙斯是眾神之父，祂的意志塑造了希臘思想。這張牌代表在這個時期，意志和決心在你的人生中的作用。
2. **赫拉**：赫拉是這個世界的女統治者和女性力量。這張牌代表敏感和直覺在你目前生活中的作用。
3. **雅典娜**：雅典娜是宙斯的女兒，也是智慧與才智的女神。這張牌代表經過深思熟慮和衡量過的計畫在你人生中的作用。

4. **狄俄尼索斯**：狄俄尼索斯是宙斯之子，是酒神與享樂之神。這張牌代表肉慾的歡愉、無憂無慮的放縱、純粹的喜樂在你人生中的作用。

5. **厄洛斯**：厄洛斯是阿芙蘿黛蒂的兒子，是柏拉圖式戀愛之神，與萬物有著深厚而長久的關係。這張牌代表堅定的友情和親情在你人生中的作用。

6. **阿芙蘿黛蒂**：阿芙蘿黛蒂是宙斯的女兒，也是愛與美的女神。這張牌代表溫厚誠摯、長期關係（尤其是浪漫關係）在你人生中的作用。

7. **莫伊賴**：莫伊賴是命運三女神，掌管了一切的命運。這張牌在這個位置有著特殊的訊息，此訊息不是關於你生命的長度，而是關乎如何真正地活著。

　　這個牌陣是檢視你人生中的價值與優先順序的好方法。每位神的位置都代表你人生中的一個領域。請留意大阿爾克納牌落在哪裡，那無疑是很重要的。留意那些明顯存在衝突的牌所處的位置（比如阿芙蘿黛蒂的位置上出現了寶劍），它們會顯示出特別在意的領域或有可能不平衡的地方。你也要注意和諧的領域，例如雅典娜的位置上出現了寶劍，那會是一種自然的結合，並且代表特定的力量。你要找出整體的平衡。這個牌陣的左邊展現出更多的理性價值：意志、智慧和柏拉圖式的愛；右邊的牌則表現出更多的情感價值：直覺、激情和愛。

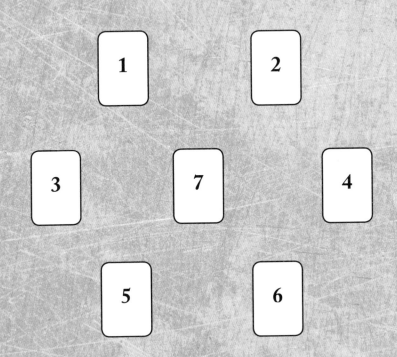

牌陣59：人生萬神殿牌陣（整體概況／特定情境／建議）

馬斯洛階層牌陣

馬斯洛的人類需求階層理論將需求劃分為五層。根據此理論，必須先滿足或近乎滿足最下層的需求，然後才能關注更高一層的需求。從最基本的條件來說，挨餓的人對心靈成長的關心遠不如對食物的興趣。

這個牌陣可以幫助你看到你在人類需求方面所處的位置。正面的牌通常顯示這個需求以健康的方式獲得了滿足。負面的牌往往表明這個需求沒獲得滿足，或者正以一種不健康的方式得到滿足。透過辨認那些沒有被滿足的空間，你可以制定一個計畫，在你個人和心靈成長上向前邁進與有所發展。

1～5 **生理需求**：呼吸、食物、水、性愛、睡眠和住所的基本需求。

6～9 **安全需求**：諸如工作、保護、資源與健康的安全需求。

10～12 **歸屬感**：人際關係，像是友誼、親情與親密感。

13～14 **自尊**：從自信、成就和尊重中獲得的自我感。

15. **自我實現**：了解並實現個人潛能、心靈和個人的成長。

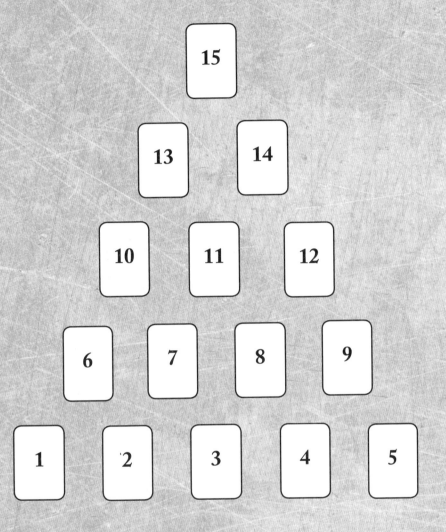

牌陣60：馬斯洛階層牌陣（人生綜覽）

指導靈牌陣

我用「指導靈」一詞來表示爲提問者提供指引的任何存有。提問者可能認爲這個存有是揚升大師、天使、祖先，或者是一個動物圖騰或嚮導。他們可能認爲他們的嚮導是一個實際獨立的靈體，或者是他們自己性格的一部分。

這個牌陣應該憑直覺去解讀。除了特定的位置涵義外，還有一些指導方針可以提供更大的彈性，並更輕鬆地確定提問者的指導靈希望傳達的訊息。

第一張到第九張牌要先放好，優先解釋。根據在那裡找到的內容，可能不需要加上牌。請像往常一樣洗牌，發出牌1到牌9。牌1永遠代表提問者對他或她的指導靈的期望（或態度）有什麼樣的想法。

牌2至牌9的指引如下：

- 任何大阿爾克納牌或宮廷牌代表指導靈。你要仰賴你的直覺來決定誰是誰。
- 小阿爾克納牌可以代表幾種情況：提問者與指導靈的關係、指導靈想做什麼、他們如何交流，或是可能有人對指導靈詢問一個特定問題的答案。

- 最接近這張牌的其他牌與指導靈的關係最為密切。同樣的，直覺將在解釋這種牌陣中起重要作用。

如果牌2到牌9沒有指導靈，就攤開牌a到牌p，並按照上述來解釋。這裡最大的差異是，牌2到牌9被詮釋為靈性工作，客戶必須完成或是克服干擾，才能與嚮導或指導靈建立密切的溝通。

如果牌a到牌p上面都沒有指引，在任何有用的辨識方法與連結建立之前，提問者仍有很多心靈工作要做，以去除干擾的力量。幫助提問者在這些方面建立一些步驟，並在一段時間後建議後續的解讀方式。

指導靈牌陣的額外資訊

如果在解讀時有一個指導靈在場，而你需要進一步的訊息，你可以拿起代表這個指導靈的牌，把它放在此牌陣的1號位置。牌2至牌4提供了答案或建議。這個牌陣對於確認更多關於指導靈的訊息、或是指導靈希望如何跟客戶一起運作、抑或請教指導靈一個特定問題的答案，都是很有幫助的。如果有多位指導靈，有必要的話，就為每個指導靈單獨做一個附加的解讀。

a	b	c	d	e
f	2	3	4	g
h	5	1	6	i
j	7	8	9	k
l	m	n	o	p

牌陣61：指導靈牌陣

....

牌陣62：指導靈牌陣的額外資訊

變化版： 我用這個牌陣成功地為那些已經過世的人做解讀，包括已經去了彼岸的靈魂和鬼魂。要使用這個牌陣來聯繫已過世的某個靈魂，請按照前面描述的方式展開牌陣。如果只有一張宮廷牌或是大牌，便假設這就是你要找的人。如果牌多過一張，則根據擺在你面前的牌來確定哪一張是你要找的人，比如某張牌最能清楚代表你要找的人，根據當事人的個性或此人在你人生中的意義而定。如果沒有人在場，那就假設這個人現在不願意溝通。

創造冥想牌陣

這個牌陣可以幫助你創造一個鬆散式引導的視覺冥想。運用塔羅牌來冥想，意味著你需要請求宇宙確保你做了現在最需要的冥想。

首先，你需要將你的牌分成三疊：大牌、宮廷牌和小牌。根據以下的說明來抽牌。為了完成這個牌陣，你毋須像傳統解牌那樣去解讀它。反之，你可以將此當作冥想的大綱。

把牌分開後，洗這三疊牌，小心不要把它們混在一起，並按照指示抽牌。牌陣的主題會在你的冥想中形成故事的重點。星星是體驗這個故事的主角。最後三張牌提供了主要的轉折點：開端、過程與結果。它們是主要的經驗特質，以及他或她如何學習跟該主題有關的東西。

1. **冥想的主題或故事**：這張牌是從大阿爾克納牌堆中抽出來的。
2. **星星或冥想的主角**：這張牌是從宮廷牌堆中抽出來的。

接下來三張牌是從小阿爾克納牌堆中抽出來的：

3. **冥想的情節**：故事的開端。
4. **冥想的情節**：故事的過程。
5. **冥想的情節**：故事的結果。

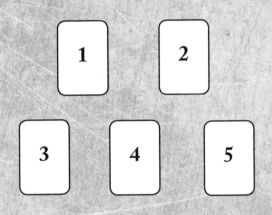

....
牌陣63：創造冥想牌陣

變化版：如果你希望在冥想時探索特定一張宮廷牌或大阿爾克納牌，那就刻意選擇一張牌，而非隨機抽牌。

創造願景與使命宣言牌陣

　　大多數企業都有願景或是使命宣言。這些宣言為企業創造了一個焦點，非常清楚地說明這份事業是什麼、他們做的是什麼，以及他們的目標為何。近年來，人們為自己創建使命宣言變得很流行，它們幫助人們從跟企業同樣清楚的宣言中獲益。這個牌陣可以用在許多方面。你可以運用它來幫助你為自己的業務、日常生活、工作領域或正在從事的特定專案撰寫一份聲明。

　　1：你是誰。
　　2：你在做什麼。
　　3：你如何做這件事。
　　4：你為誰而做，亦即你將會服務的人。
　　5：你的客人／客戶獲得的好處。

　　牌1「你是誰」，當然是這個牌陣的重點，畢竟這是其他一切事物的起點。你在解釋這個牌陣時要記住這一點。依次解釋牌2到牌5，它們都與牌1有關係。

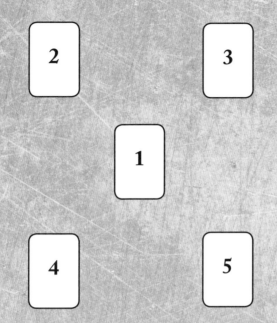

牌陣64：創造願景與使命宣言牌陣（為自己或是生意創造焦點）

變化版：如果你已經有了一個願景或使命宣言，想要透過塔羅牌的智慧去分析它，仔細查看你的牌，選擇最能代表你宣言的牌，並把牌放在相應的位置上。像詮釋其他任何牌陣一樣去解釋它，但要特別注意牌之間的關係。牌2到牌5如何與牌1連結起來呢？每一張牌都是自然而然跟其他牌產生關聯嗎？如果不是，可以進行哪些變更來讓它們更速配呢？

4
在任何牌陣中加牌的技巧

技巧不是牌陣，而更像是選件或配件，你可以將它組合到任何牌陣或是解讀中。正如你所知道的，塔羅牌沒有任何規則，只除了一條——讓你所做的來反映你的信念。所以要有創意地思考！把玩你的牌。去做實驗。瞧瞧你從中發現了什麼有意思的可能性。

技巧不僅僅是嘗試有趣的事情，而且是以創造性的方式運用你的牌。在解讀期間，能量可能會停滯不前，感覺好像一切都沒有順利進行，你與提問者之間的連結或你與神性之間的連結似乎被堵塞了，你沒有進入那個狀態當中。當這種情況發生在我們的生活中時，有時只需做一個很小的改變就可以幫助能量移動和流動。我的心理學教授說，你可以簡單地打斷一項例行公事，爲一段關係增添新的熱情與興奮感。當你的解讀不穩定時，從你的工具箱中拿出一種技巧，看看會發生什麼。如果你通常需要提高塔羅牌占卜的技巧，那麼以新的方式使用塔羅牌是確保塔羅牌能力再次閃耀的明確方法。

假設你需要一些靈感來嘗試，你可以考慮：如果你將牌分成幾個部分，只使用宮廷牌或把大阿爾克納牌放在特定位置，會發生什麼呢？要是你只用大牌，有些牌陣會比較好用嗎？要是你用面朝上或面朝下的牌占卜，會有不同的效果或解釋嗎？

你可以透過強化的解釋方式將指示牌併入解讀中嗎？將牌面朝上看一遍，然後有意識地選擇一張牌，放在解牌的特定位置，這有什麼好處或是關聯呢？

透過放下「做得正確」或「這是這本書說的」的擔憂，你可以自由地發明新技巧，而我認為你不會孤單。幾年前在一次會議中，我很幸運地坐在瑪莉・K・格瑞爾旁邊。當我們正坐著等待課程開始的時候，瑪莉正在玩她的牌。她開始從她的那副牌中發牌。她不是要占卜，而是要發牌放在行列中。她會看著一行，注意到某種模式，並對自己說：「嗯，那樣不有趣嗎？」她會移動周遭的牌，創造更多的型態。我不確定她的腦子裡在想什麼，但我幾乎能看到她發現了觸發靈感的東西。僅僅是在幾分鐘的空檔裡玩牌，她就發現了驚人的領悟。任何人都能做到。洗一洗你的牌，並看看發生什麼事。

以下是我經常用到的一些技巧。我並不常使用它們，而且通常在任何一次解讀中都不會使用一、兩個技巧以上。記住，你是要增強和鼓舞能量流動，而非創造混亂。有些技巧只是我透過玩牌而「發現」的。別的技巧是由其他的塔羅占卜師、教師和作家啟發來的。我喜歡把這些當成是我的附件，我用它們來裝飾我使用的任何牌陣，使它們甚至比一開始更完善。所以

在某種程度上，你將要翻找我的隱喻百寶箱了。好好享受吧！

牌堆中的寶藏

我不是只放一張牌在一個位置，而是把一小疊牌以牌面朝下的方式放好。然後我翻開第一張牌，就像往常一般解讀。如果需要或渴望更多的牌（例如為了澄清或獲取更多資訊），請使用這一疊當中的牌。即使我不需要額外的牌，我也會查看底牌，看看在這種情況下「隱藏了什麼」或「掩蔽了什麼」。

> **變化版：**另一種使用牌堆的方法是挖掘它們，並找到任何有用的「隱藏能量」。這種能量雖然存在，但還未被注意和運用。

用兩張牌或三張牌解讀

如果你是那種喜歡用很多張牌的占卜師，那麼你可以把這個技巧用在所有牌陣上。無論你是哪種類型的占卜師，這個簡單的技巧都可以幫助你增加你使用的任何牌陣上的細節與焦點。

不管你用的是什麼牌，一開始每個位置都放上兩、三張牌，而非一張牌。根據你偏愛用兩張還是三張牌一起做解讀，

你就選擇用兩張還是三張牌。

如果你已經開始解讀並且感覺牌義有點模糊不清，請上下瀏覽並在每個位置添加一、兩張牌，然後重新開始。

讓你的領悟加倍

許多塔羅牌收藏家的牌是有點「黑暗」的，例如我有波西米亞鬼魅塔羅牌、月亮魔偶塔羅牌、黑暗天使塔羅牌。儘管我喜歡塔羅牌的藝術性和對於原型的創意表現，但它們並不能作為主要的解讀牌組。但我要使用它們。比起嘗試把它們變成其他的東西，我更看重它們的主要優點，也就是從更陰暗的一面去看待原型，並利用這種優點。

如果我想看到更廣泛的可能性，我就會運用當時占卜的任何一副牌，然後擺出牌陣。接著我會洗一洗這些「黑暗」的牌，把這些牌放在已經就位的牌旁邊。這就形成了陰暗面的解讀了。

這不僅適用於「黑暗」的塔羅牌，你也可以用它來形容那些你認為過於正向、甚至空洞的牌。如果你使用的牌與你通常的喜好相反，這將產生非常有意思的結果，只要你願意誠實和敞開。如果你只是想跟牌辯論或嘻笑，那便是在浪費時間。

另一種同時使用兩副牌的方法是，選擇一副你解讀起來更具有象徵意義的牌，以及一副你解讀起來更直觀的牌。或者把你平時占卜的牌與你不太熟悉的牌搭配使用。

> **變化版：**隨機抽取塔羅牌，不要洗牌，而是瀏覽這副牌，並從第一副牌裡頭已經擺好的牌中選擇同一張牌。

改變你的焦點

許多牌陣會有一個位置代表提問者的理想、主要的焦點、態度或目標。這個位置上的牌可以讓你辨別它們移動的方向。在解讀時，這張牌是最容易改變的，因為它是提問者完全可以控制的。畢竟，這是他們的態度和決定。

當牌的位置不盡如意或提問者對於解讀結果不滿意時，我願意幫助他們改變關注的焦點，甚至改變他們的未來。這種技術需要一個不怕碰觸塔羅牌的提問者。你要解釋這張牌代表他們當下的能量。把牌遞給他們，邀請他們瀏覽塔羅牌，並選擇一個新的態度。我會告訴他們，他們可以選擇他們想要的任何牌，即使是已經擺在桌上的一張牌也行。

在他們選擇好自己的態度後，讓他們談談他們覺得有吸引

力或有用的地方。它與之前的牌有何差別？他們可以做什麼規
劃來從一張牌轉移到另一張牌呢？再看看加入了新牌的牌陣，
看看它的存在如何改變了這個情況。

移形換位

移動塔羅牌是觀察連結和關係的一個好方法，這讓我們更
容易看到牌如何暴露弱點。是的，你可以簡單地從一張牌看到
另一張牌，但是只能嘗試兩種方式。你會驚訝地發現，簡單地
移動一張牌就能改變你對情況的看法。也許這並不奇怪；你實
際上是在移動牌時改變角度而已。另外，請記住，塔羅牌是一
種視覺媒介。你如何看圖像之間的關係，和你看到的東西是一
樣重要的。

當我占卜第56頁的賽爾特十字牌陣時，我喜歡把牌4、牌
6和牌10從它們的位置中抽出來，然後放在一起觀察。對我來
說，它們全都訴說了可能的結果：目標是什麼、即將到來的是
什麼情況，以及長期的結果為何。著眼於牌4的能量意圖如何
在牌6的位置實現，是一件很有趣的事情。然後我注意到它是
如何演變成牌10的。在我的馬蹄鐵牌陣改編版中（參見第220
頁），我將中央的牌放在各行之間向下移動，以創建三張牌的

組合，而不是成對的組合。

　　移動技巧是一種可以讓你善用指示牌的技巧。開始解讀的時候，要選擇一個你通常會用的指示牌，把它放在解讀位置的上方。像以往一樣洗牌，並且擺放牌陣。當你解釋每張牌的時候，連同你的指示牌，並成對地解讀每一個位置上的牌——當然，每一對牌都要加上指示牌。注意指示牌如何影響塔羅牌，而且留意指示牌在每個位置上的感受／行動總是很有意思的。

　　下次解讀的時候，試著移動一、兩張牌。要是你不喜歡，你總是可以把它放回去的。

雙重視野

　　在喬瑟芬・艾利夏（Josephine Ellershaw）的《簡易塔羅牌》（*Easy Tarot*）一書中，她提出了一個相當複雜的解讀法，也就是使用兩副塔羅牌，包含兩個單獨的牌陣。這兩個牌陣是人生牌陣和船錨牌陣。船錨牌陣只用一副牌的大阿爾克納牌，然後使用另一副完整的牌來擺設人生牌陣的牌。理想情況下，她建議用兩副完全相同的牌。我想知道這是否真的很重要，所以這兩種方式我都試了，結果我同意她的看法。你看，在這種解讀方式之下，你將兩個牌陣擺在一塊，找出在兩個牌陣中

都有出現的牌。如果你用的是兩副不同的牌，你仍然可以注意到兩個牌陣都出現了皇后牌。然而，在兩個牌陣上看到相同的牌，會產生視覺上的衝擊和心理上的意義。

如果你有同一副牌的兩種版本，比如原始的偉特牌和黃金偉特牌，我認為這樣做會很好。就像聖甲蟲出版社一樣，有些出版社會提供他們塔羅牌的迷你版。我運用迷你版的大阿爾克納和全尺寸版的整副牌。

以下是如何在牌陣中輕鬆使用這個技巧，包括過去、現在與未來的概念。僅從你的任一套牌中洗大牌。在你的解讀空間上方擺三張牌，這些是過去、現在與未來的主要影響力。洗你的第二副牌，這是一副完整的牌，然後像往常一樣擺出牌陣。尋找重複的牌，當然也要注意重複的數字、顏色、符號與任何你經常使用的相應之處。

有時我會在芭芭拉的通用十字牌陣（參見第85頁）中使用此技巧，在牌1處只用上大牌，在其餘位置上則使用所有其餘的牌。

用你擅長的牌

通常在解讀時，我們會洗牌並將牌從整副牌上方移到其位置。藉由這種方式，塔羅牌（或命運）不僅決定了我們獲得什麼牌，而且還決定了它們的落點。這種做法具有明確的哲學內涵。無論是有意識或無意識的，它都接受了「未來已經預定好了」的概念。許多占卜師強調，我們占卜的是當下的能量，而非斬釘截鐵的結果。用你擅長的牌來占卜，這個技巧的假設是，提問者對於當下的能量有更多的控制權。

洗牌，並讓提問者儘量抽到夠多的牌（或簡單地從上方抽出必要數量的牌再交給提問者）。接著，提問者按照自己的意願將牌擺在相應的位置，占卜師則解讀這些牌。

變化版一：像往常一樣解讀，然後讓提問者重新安排牌的位置。探索為什麼提問者會提出這些改變，以及可以做些什麼來切換能量，以反映提問者的排列順序。我喜歡這個變化版，因為它給了我們一個現狀的基準線，然後允許提問者在那樣的實相中做些什麼，這讓我對優質的塔羅解讀方式產生了強烈的共鳴。

變化版二之一：在許多牌卡遊戲中，玩家會出牌和抽牌。如同往常一樣解讀之後，讓提問者放棄一張牌，並隨機抽一張牌來取代。去討論有關這張新牌的選擇和感受。

變化版二之二：讓提問者放棄一張牌，在牌組中選擇她想要放的牌。再次討論這次選擇，以及如何顯化那個改變。

變化版三：這個變化版吸引了更直觀的占卜師。我只在擺放五張沒有位置定義的牌時，將這五張牌當作一個故事來解，才會使用這個版本。要使用這個技巧時，占卜師抽五張牌，把它們變成扇形握在手裡，就像在玩遊戲一樣。占卜師簡單地根據自己的直覺或超感應力的傾向，把牌放在手裡排列，放在桌上，然後解牌。

變化版四：洗牌，並且像平常一樣擺放你的牌陣，但是要讓牌面朝下。無論需要多少張牌放在牌陣裡頭，請發牌，然後交給提問者。在她看完牌之後，讓她按照自己的喜好，在正面朝下的牌旁邊擺出自己的牌。把面朝下的牌翻過來，解釋牌陣，並且成對解釋每個位置的牌。在解釋完之後，如果提問者願意的話，讓她移動自己的牌。要注意如何揭露是什麼事情被隱藏了（透過翻開面朝下的牌）來改變解讀方式。

變化版五：對於那些在生活中非常積極主動、了解牌或不怕研究牌的人來說，這是一個非常強大又實用的技巧。在完成變化版四之後，如果提問者仍然不滿意結果，請她瀏覽整副牌，並選擇她想要的任何牌，把牌放在她想要的任何地方。讓她這樣多做幾次，直到她滿意這次占卜為止。請她解釋為什麼她做了這個選擇。分享你的塔羅或是靈性知識可以帶來的任何東西。將最終的解讀結果作為行動計畫的基礎。

顛三倒四

如果你解讀逆位牌，尤其是假設你把逆位牌當作能量停滯，你就可以嘗試這些技巧來去除障礙。

第一種方法很容易：簡單地把逆位牌上下顛倒，然後顛倒旁邊的牌（如果那張牌是逆位，就轉正位；如果是正位，那就讓它逆位）。這項技巧背後的邏輯是，在能量堵塞之前改變能量，你可以動搖它、鬆開它和移除它。你必須用你的常識來決定哪張牌在逆位牌的「旁邊」。挑一張看起來跟那張逆位牌最有關係的牌。重新解讀，並結合改編後的牌義。

例如在三張牌的「過去—現在—未來」解讀中，如果代表「未來」的牌逆位，而你想要將它上下顛倒，你就把它轉為正位，然後把代表「現在」的牌顛倒方向。

第二種方法也很簡單，同樣是基於逆位代表能量受阻的概念。觀察逆位牌，並留意它的數字。找到它前面的數字（例如，「戀人」在「戰車」之前，「權杖三」在「權杖四」之前，「金幣隨從」在「金幣騎士」之前）。逆位牌之所以受到妨礙，是因為尚未完全表達或彰顯它之前的能量。解讀時囊括它之前的牌，可幫助提問者決定如何充分表達那股能量，以便向前邁進，消除阻礙。

部門負責人

這項技巧會自動提供任何牌陣的三個維度。把你的牌分成三疊：大牌、小牌和宮廷牌。分別洗每一疊牌。從大阿爾克納牌那疊發一張牌，然後是小阿爾克納牌，最後是宮廷牌。你會有三張牌在不同的位置。大牌展現最強烈的能量影響，或是那個位置的主題。小牌顯示什麼事情完成了，或什麼事情應該要完成。宮廷牌訴說小阿爾克納牌描述的行動是什麼，或者應該完成什麼。

算數學

你有沒有注意到解讀和方程式之間的相似之處？它們都有一系列導致結果的東西。解讀時有一邊是牌，而在另一邊會產生結果或可能的未來。方程式有數字、變量和運算，最後是結算。為了改變一個等式，你在算式兩邊都得做同樣的事。也就是說，如果在等號的一側加五，就必須在另一側也加上五。

我想，我們也可以在解讀時這麼做。也就是說，你可以透過改變等號另一邊的結果（結果牌），來改變等號這一邊的內容。藉由牌在每一邊加上一個變量來實現這個方法。加上一張牌，這張牌代表提問者可以採取的行動，然後將另一張牌加到

結果中，並成對解讀。

層層堆疊

在我教授的牌陣設計工作坊，學生的桌上放了一種透明牌卡（像是艾米麗・卡丁（Emily Carding）的透明塔羅牌），用上了一種極具創意的技巧。這些透明牌組實際上是用透明塑料印刷的，因此可以將它們分層，從而在多張牌中創建一張「牌」。

這組人並非只使用透明的牌，而是使用多副牌來做解讀。他們首先使用一般塔羅牌，然後在一般塔羅牌上鋪一層透明塔羅牌，以揭示隱藏的能量、影響力或資訊，這些可以幫助提問者了解問題。

大結局

花束牌陣（參見第148頁）和真愛牌陣（參見第140頁）都使用了一種技巧，即在解釋完所有其他的牌後，在最後拿出一張牌來揭露結果。後來我把這項技巧加到很多次解讀中，尤其是當某人擔心一段關係的時候──通常是一段真正徹底結束的關係，但提問者還沒準備好接受這件事。在處理了牌陣和討

論了塔羅牌之後，很顯然提問者只是沒聽進我的聲音（或不想聽我的話）。

當解讀到那個問題時，我將牌面朝下，以扇形攤開，並告訴提問者要抽一張牌。她通常就會自顧自解讀起來。這眞的很奇怪，無論是哪張牌，她總是會嘆口氣說：「他不會回頭了。」

無論如何，這都是結束解讀的強硬方式。用你用過的牌做這種占卜就可以了。要獲得更多心理上和隱喻上的碰撞，請抽另一副牌，也許是你覺得具有易於理解的圖像的一副牌。如果圖像能引起共鳴又清楚明瞭，就能幫助提問者立刻有所反應。

補充牌

當人們第一次學習塔羅牌，如果他們很難理解一張牌，通常會被鼓勵放下「補充」塔羅牌的意思。我並不反對補充牌，但我覺得那對新手實際上毫無幫助。他們很容易受挫，很快便擺上愈來愈多的補充牌，或者甚至繼續解讀，重新開始。然後他們似乎得到了相互矛盾的資訊，接著就放棄了，認爲塔羅牌不是「眞的」，或者是他們沒有掌握塔羅牌的天賦。要鼓勵新手使用塔羅牌直到他們能搞懂牌義，這有助於他們眞正深入挖

掘。如果他們有耐性，就能理解塔羅牌。

如果你已經解牌一段時間，並且發現你經常使用補充牌，這可能是一個信號，表示你原本的風格更適合成對解讀（或三張牌解讀），而非單張牌解讀。如果是這樣，那麼就採用前面提到的成對解讀或三張牌解讀技巧。也就是說，簡單地在每個位置擺出兩張（或三張）牌，然後你就可以輕鬆自然地解讀了。一旦你了解自己的風格，就可以輕易修改每一個牌陣，使它變成真正為你所用。

額外的提醒

如果你發現你喜歡將牌分成不同花色，先把手上的一、兩副牌分好。如此，若你確實處於巔峰狀態，則毋須放慢速度去進行牌的分組。此外，如果你是在商店、市集或活動中解牌，你可以保持快速移動，並仍然使用任何你想要的牌陣或技巧。

這一章的所有技巧是一個很好的起點。你要試試看，看看什麼樣的技巧適合你。更改並調整技巧以符合你的需求。我從塔羅牌中學到的是：無論你學到什麼，都必須改變做法，不然

它就不是真正屬於你自己的，而是別人的。塔羅牌至少要求我
們實踐時要保持誠實。下一章將以非常棒的方式講述如何修改
牌陣。

5
如何修改牌陣

　　任何人都可以設計一個牌陣。你毋須任何特殊技能或神祕天賦，只是需要一些引導，其中還要有點運氣，你會在下一章找到的。我們會透過修改牌陣輕鬆地進入牌陣設計，而非一頭栽進深淵之中。修改牌陣比較容易，因為你要一開始就進行調整以符合你的需求。

　　許多厲害的牌陣已經存在了。事實上，其中可能有一些是你很喜歡的牌陣，但也許出於一個或另一個原因，它們並不是很完美。處理特殊需求或不太完美的牌陣最常見的方式，並不是從零開始創造一個牌陣（沒必要多此一舉，對吧？），而是調整或改變現有的牌陣。

　　每當你更改一個現有的牌陣，比如藉由改變位置的意義或數字，你便已經修改了那個牌陣。有人會說，既然修改牌陣了，它便不再是相同的牌陣，而是一種全新的牌陣。就某種程度來說，這是正確的，因為它不是真正全新的，除非你完全把它改頭換面，在這種情況下，你可能已經發明了新的牌陣。但是在大多數情況下，當我們談到改編牌陣時，我們的意思是對現有牌陣進行微調以符合你的需求、信念或解讀風格。

　　我們將舉兩個例子來說明我修改牌陣的方法，但首先，這裡有一份清單，你可以記下來以便改編牌陣。在考慮牌陣時，

要分析它的目的。瞧瞧牌的位置和整體布局。你得確定牌陣的設計是否有效地達到了預期目的，然後確定它適不適合你的風格。它可以做哪些改變以更配合你的需求呢？

改編牌陣考量清單

- **重點**：這個牌陣的整體目標可以為了符合當下的需求而改變嗎？

- **位置的涵義**：所有位置都與你要提出的問題有關嗎？它們代表了你所尋求答案的每個方面嗎？為了能更符合你的需求，你可以增加或減少一些位置嗎？

- **布局**：這種布局對你來說合乎邏輯嗎？這種布局和牌的位置相輔相成嗎？這種布局能讓解讀更容易嗎？你可以怎麼改編它，讓解讀更有效率呢？

- **牌的數量**：就你的解讀風格，牌太多還是太少？如果牌太少，加上一、兩個位置，每個位置都有幫助嗎？如果牌太多，有辦法在對牌陣沒有負面影響的情況下，合併或減少牌的位置嗎？

- **技巧**：什麼技巧可以讓解讀更有效率、更靈活或更有益處呢？

改編版馬蹄鐵牌陣

我們會從一個流行的傳統牌陣開始，也就是馬蹄鐵牌陣。隨著時間的推移，我發現最初的牌陣有一些缺點，但在我做了一些合乎邏輯的調整後，它成了我最愛的牌陣之一。在這裡，我們將看看我是如何升級一個已經建構好的牌陣以符合我的需求。

馬蹄鐵牌陣和許多經典牌陣一樣有許多變化版，沒人真正知道哪個才是原版。牌陣65是我學過的版本。

看看這個位置的意涵，我們了解這個牌陣可以用於整體概況的解讀，它提供了提問者的生活概況，也可以用於檢驗更具體的情況。

牌4單獨放置，位於中間上方，那是一個有強調作用的位置。為了強調它的重要性，它也是一張從其他牌中抽出的牌。因此，提問者的立場、態度或影響在這種解讀中最有意義。

垂直的兩行是平衡的，代表牌陣的兩邊都很重要，會一起支持牌4。事實上在我看來，每一行都能、也應該獨立當作是垂直的三張牌小牌陣。

總而言之，這似乎是一個得體的牌陣。那我有什麼問題呢？

這些牌是按照線性順序排列的，因此左下角代表過去的牌先放上去，因爲它是第一張牌。然後這些牌或多或少按照時間順序排列——但也不盡然如此。事實上，如果我們非常坦誠的話，按照編號與線性的順序並不能增加牌之間的關係。

例如，牌1代表過去，位在牌7（結果）的對面。因爲牌彼此相對，這使它們是成對的，這對我來說沒有意義。我不會把「過去」和「結果」當成一對來解讀；它們根本就不相配。因爲我認爲「未來」與「結果」這兩張牌會相互影響，共同創造一幅未來的景象，所以我總是把牌3（未來）放到牌7（結果）旁邊，以便共同解讀。過了一會兒，我想我應該可以重新排列它們，這樣它們就可以被當成一對來解讀了。

我喜歡牌陣把提問者放在頂端和重要的位置。然而，把提問者排到第四張牌似乎不太正確。我希望將提問者的牌放在第一順位，因爲我認爲這是最重要的能量，無論是從哲學上還是從布局的本質而言皆然。記住，牌本身會讓大腦記住「這張牌很重要」。

```
        ┌─────┐
        │  4  │
        └─────┘
┌─────┐         ┌─────┐
│  3  │         │  5  │
└─────┘         └─────┘
┌─────┐         ┌─────┐
│  2  │         │  6  │
└─────┘         └─────┘
┌─────┐         ┌─────┐
│  1  │         │  7  │
└─────┘         └─────┘
```

1：過去

2：現在

3：未來

4：提問者

5：其他資訊

6：挑戰

7：可能的結果

牌陣65：馬蹄鐵牌陣2（整體概況／特定情境）

　　我的改編版馬蹄鐵牌陣在下一頁。除了將「未來」和「可能的結果」結合起來，其餘的配對對我來說也很有意義。「過去」與「其他資訊」一起解讀，因為過去發生的事情經常會影響當下的情況。「現在」與「挑戰」並存，一般情況下，人們都在問這種情況，因為此時有挑戰或未知的能量，使得提問者感到有些不安了。

　　除了改變位置和編號，我還在解讀中加入了移形換位技巧（參見第201頁的說明）。當我詮釋成對的牌時（牌2和牌3、牌4和牌5、牌6和牌7），我將牌1移到了行的下方，這樣它就會在每一對牌的中間，也就是這個行動的中心。透過這種方式，我不僅可以驗證這對牌所描述的情況，還可以檢查提問者的出現如何影響或改變了事情，或者提問者是怎樣受到影響或改變的。這樣成對的牌就能變成三位一體，更容易創造故事，也非常適合使用元素配置。

```
        ┌─────┐
        │  1  │
        └─────┘

┌─────┐        ┌─────┐
│  2  │        │  3  │
└─────┘        └─────┘

┌─────┐        ┌─────┐
│  4  │        │  5  │
└─────┘        └─────┘

┌─────┐        ┌─────┐
│  6  │        │  7  │
└─────┘        └─────┘
```

1：提問者

2：過去

3：其他資訊

4：現在

5：挑戰

6：未來

7：可能的結果

牌陣66：馬蹄鐵牌陣3（改編版）

　　現在，由於我在整個牌陣中移動了一張牌，因此它不再維持馬蹄形了。實際上，要是一個人太過於迷戀這個牌陣的名稱，可能會妨礙他們考慮改變牌陣的形狀。它真應該有個新名稱。既然這張牌代表了提問者似乎穿越了兩行或者說兩根柱子，因為我使用這個牌陣來看看可能會發生的事情，所以我稱它為「可能性之柱牌陣」（儘管如此，在我的腦海裡，我仍然可以將它認定為改編版馬蹄鐵牌陣）。

　　我對於經典馬蹄鐵牌陣的改良，維持了原本的基本目的。這些變化是位置上的，而非視覺上的。現在，我覺得這個牌陣更符合邏輯，也更符合我的解讀風格，包括我認為的動態解讀——在牌擺好之後又四處移動牌的解讀法。還有其他方式可以改編牌陣，讓我們來瞧瞧另一個例子。

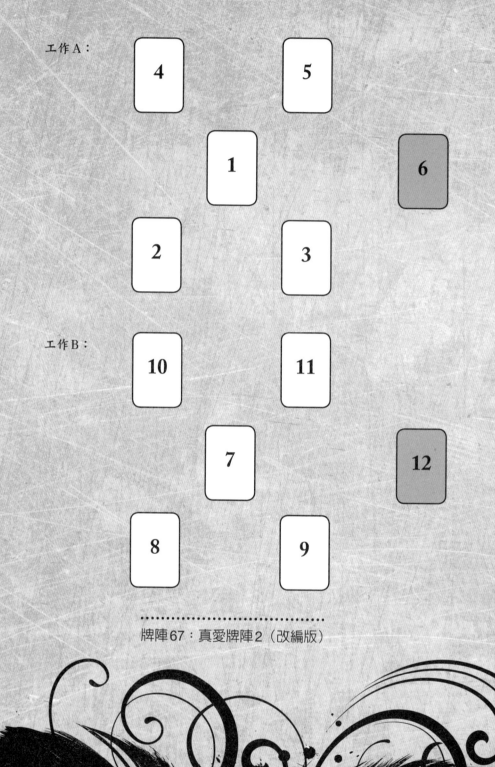

工作A：

4   5

1   6

2   3

工作B：

10   11

7   12

8   9

牌陣67：真愛牌陣2（改編版）

改編版真愛牌陣

　　有很多種改編牌陣的方法。有時，一個小轉變就可以改變一個範圍，比如從完全地專注在愛情議題上，轉變成針對選擇職業。

　　舉個例子，也許你有位客戶想要知道兩個工作邀約，哪一個是最好的選擇。由於兩份工作都很不錯，所以她想知道哪一份工作有某種難以定義的特殊之處，能讓工作變得更開心。你認為這需要一些東西，而非尋常的「對我來說是好工作」牌陣，所以你需要來點特別的。

　　你的客戶想知道哪一個工作是更好的靈魂伴侶，能和比工作更高層次的事物擁有更好的連結。所以，你從一個靈魂伴侶或人生伴侶牌陣開始，並且調整它，讓它適合問工作而不是問對象，然後加碼比較，這樣你就可以輕易地比較兩個工作。請參閱第140頁的真愛牌陣說明。

　　接下來是對牌陣的修改，以便回答以下問題：「這些出色的工作，哪一個真正適合我？」

牌1到牌6是工作A（由提問者決定或參閱第85頁芭芭拉的通用十字牌陣），牌7到牌12是工作B。

洗牌並排列出牌6與牌12之外的所有牌。牌6和牌12會在解讀結束時被抽出來並翻牌。

牌1和牌7，你的直覺：你對這份工作的直覺。這可能是你問這個問題的真正原因。那可能是某種無法用邏輯來解釋、但你就是「心知肚明」的感覺。

牌2和牌8，物質方面：指工作的物質方面，包括薪水、福利、成長的能力、工作環境和工作往返的交通。

牌3和牌9，情緒方面：指工作的情緒方面。你覺得心滿意足、有壓力、無聊嗎？與客戶和同事之間有一種平靜的感覺，還是會發生很多戲劇性的情節呢？

牌4和牌10，心智方面：指工作的心智方面。你會被挑戰嗎？你會學到新技能嗎？這份工作會是失敗的嘗試嗎？有很多陷阱和艱鉅的挑戰嗎？

牌5和牌11，心靈方面：這份工作如何配合你的靈性成長之路？它能使你的生活更開闊嗎？它會引領你達到最終目標，還是會使你分心呢？

牌6和牌12，問題：你需要問自己的問題。這可能是最重要的牌，它觸及了問題的核心，指出你在繼續前進之前需要考慮的主要問題。

　　修改這個牌陣並沒有位置上的變化，或是像改編版馬蹄鐵牌陣需要增加技巧。相反的，它把主題從愛情轉到了事業上。但是如果你不能找出一個改良的方法來滿足你的需求，該怎麼辦呢？也許你可以開始嘗試從零開始你的牌陣。你想玩遊戲嗎？讓我們來試一試。我打賭你會發現這比你想像的要容易。

6
自行設計牌陣

大多數占卜師都喜歡手上有一些常見問題的牌陣。當你發展自己的做法時，你會了解到你需要什麼樣的牌陣。如果你在你的收藏中發現了漏洞，或者你發現自己在說：「如果我有一個這樣或那樣的牌陣就好了」，那麼你可以簡單地為自己創造一個自己需要的牌陣。

你可能會發現自己正在占卜特定類型的問題。有時候占卜師會發現，不管出於什麼原因，他們會吸引那些似乎總是對寵物、學習習慣、搬家或裝修有問題的人。當然，你會想要有個完美的牌陣來回答客戶專屬的特殊問題。這真是一個創造自己牌陣的絕佳機會！舉個例子，如果你為很多高中生或大學生占卜（或任何試圖學習新事物的人），發明了一種立基於SQ3R方法的牌陣，也就是概覽（Survey）、發問（Question）、精讀（Read）、背誦（Recite）和複習（Review）（以及任何一種你偏愛或你用在自己領域的途徑），以精確指出客戶的弱點，並提供如何改善的建議。如果你為那些似乎總是在重新裝修的人占卜，請使用八卦圖和風水原則作為牌陣的基礎，來幫助你的客戶創造美麗和流暢的「氣」。

無論你的理由是什麼，我認為所有的占卜師都應該至少嘗試一次自己設計牌陣。即使你決定這不是你將來想做的活動，

這種經驗也將幫助你理解牌陣是如何運作的，讓你能夠欣賞精心設計的牌陣。但是我敢打賭，你們當中的大多數人都會喜歡設計牌陣。大多數塔羅占卜師都喜歡跟塔羅牌有關的任何事物，而牌陣設計是如此令人滿足，這是一項創造性的活動，可以產生一些有用的東西。

　　從第一章開始和本書提供的解讀方式，你已經對一個牌陣的各個部分有了很好的理解。在這一章，我們將再次審視它們，著眼於牌陣的創造者，而非使用牌陣的人所需要了解的內容。

牌陣的元素

　　創造牌陣的行動很難用言語來形容。《通靈塔羅牌》（*Psychic Tarot*）的作者南希・安特努奇（Nancy Antenucci）說，解讀塔羅牌就像一首交響樂，有太多的事情同時發生，因此不可能打破她所經歷的步驟來得出一個解釋。許多創意行動也都是這樣，包括牌陣設計。在這個小節中，我們將看看牌陣中的一些元素。當你創造自己的牌陣時，你會把這些考量牢記在心，看看從中會產生什麼偉大的事物。

　　創造自己牌陣的好處之一是，你可以設計它來強化你最喜

歡的解讀方式。假若你使用元素生剋，你可能會著眼於把三張牌的牌組用在你的牌陣上。如果你有更強的直覺並使用細節更豐富的牌，那麼較少的牌更能符合你的風格；如果你更喜歡在牌中尋找模式，那麼有更多的牌對你來說會比較好。無論你的風格為何，當你完成牌陣後，你會得到完全符合你需求的東西。

記住，即使你不打算創造自己的牌陣，了解這些元素仍可以幫助你修改現有的牌陣，並提升你使用任何牌陣的技能。藉由了解牌陣中的所有元素和它們扮演的角色，你可以更好地選擇你想要使用的牌陣。藉由了解所有的部分如何影響到最終的解釋，你在解讀時將會更有信心。

牌陣設計的過程涉及了許多決策，我們將一一了解。儘管我們確實必須按照某種順序進行，但請記住，我們正在指揮一首交響樂，所以這些步驟可能全都雜亂無章地出現在你的腦海中，並且冒出來的順序與我列出的順序不同。那是沒關係的。只要一切都解決了，順序並不重要。

鎖定焦點

一個牌陣通常是為了滿足需求而發明的，亦即某人有個疑

問並用牌陣去回答那個問題。如此一來，問題就成為牌陣的靈感。這可能是最常見且最實際的靈感來源。但是正如塔羅牌不僅可以用於算命，還可以從許多靈感來源中產生牌陣。

整副塔羅牌

塔羅牌本身就可以是一個不可思議的靈感來源。你的牌是否有一種感覺或主題，因為它暗示著某種牌陣？例如當我為《神祕精靈塔羅牌》寫指南的時候，牌本身的主題暗示了許多牌陣。所有的牌都展現了精靈花園或是大自然中的仙子不同的面向，所以我受到了啟發，創造出像是「橡實到橡樹牌陣」。

橡實到橡樹牌陣

高大的橡樹是從微小的橡實而來的。你可以讓你的夢想——任何夢想，無論是愛情、金錢、家庭、你的房子、還是度假——成為現實。使用這個牌陣去發現怎麼做吧！這個方法結合了選牌放在第一和第七位置的技巧，這些牌分別代表你現在所在之處和你想要去的地方。第一張牌是你的橡實，第七張牌是你的橡樹。把你的橡實和橡樹放在適當的位置後，洗剩下的牌，像往常一樣把牌攤開，它們會告訴你，為了實現你的目標，你需要做什麼，以及在這條路上你可以期待什麼。

1. **你的橡實**：你現在的位置。
2. **土壤**：你需要什麼樣的資源讓你可以開始。
3. **陽光**：你需要知道什麼才能幫助橡實長大。
4. **水**：你需要做什麼來滋養橡實。
5. **樹瘤**：你可以留意並可以避免的意外延遲。
6. **樹幹**：什麼可以幫助你變得更強大。
7. **你的橡樹**：你的目標。
8. **枝枒**：橡樹帶來的好處。
9. **樹葉**：從你的橡樹獲得的意外禮物。

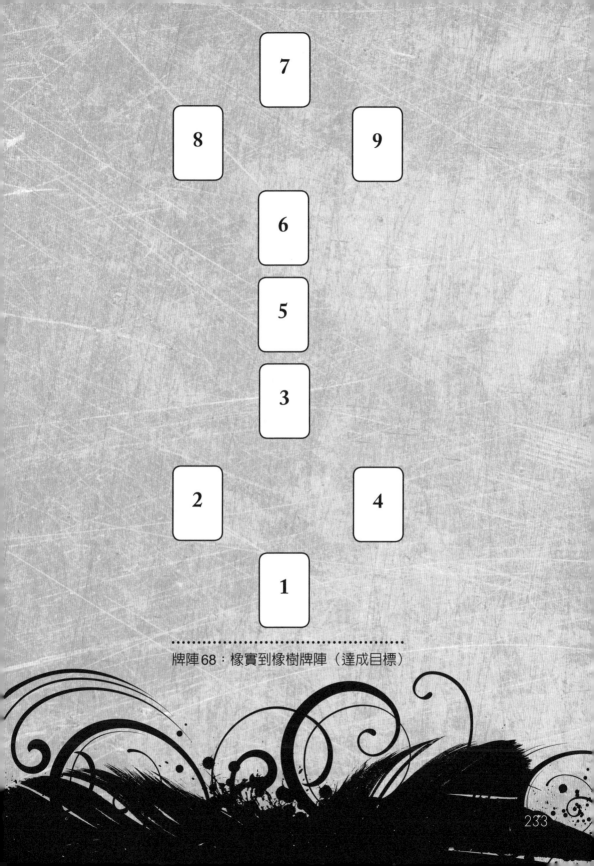

牌陣68：橡實到橡樹牌陣（達成目標）

真實魔法牌陣

幾年前，我爲一份義大利雜誌寫過一些文章（到目前爲止，這本雜誌還沒有英文版）。每期雜誌都有一副塔羅牌，我的一部分工作就是根據這副牌的靈感來創造牌陣。這裡就有個例子，稱之爲「真實魔法牌陣」，是爲術士塔羅牌創造的。

術士塔羅牌探索了魔法的領域，它是一切萬物的一部分，存在我們每個人的心中。這副牌的假設是，我們年幼時，似乎可以直觀地理解魔法以及如何使用它；待我們年紀漸長，義務、邏輯和其他優先的事物便在魔法與我們之間築起了一道牆。術士塔羅牌是用來幫助我們再一次與我們的魔法天賦連結的。

雖然孩子們與魔法有著與生俱來的連結，但任何想要更熟練地看見魔法、施展魔法的人，都可以做到這一點。在這副牌的卡片中，許多年輕的魔法師戴著尖頂帽。這些尖頂帽代表著一種巫術做法，被稱爲「力量之錐」（The Cone of Power）。力量之錐是指魔法師提高法力，並根據他或她的意志引導這股力

量。這是隱喻還是現實呢？你必須自己決定。無論哪種情況，
這個概念都會帶來有趣的牌陣。

　　你可以使用真實魔法牌陣搭配巫師的眼睛來研究任何情境
或問題。它可以幫助你了解可能錯過的內容，並發現一些「神
奇」的主意。

1. **你擁有什麼**：無論你是否意識到，你都擁有的能量或資源。
2. **你需要什麼**：對這個情況有幫助的能量或資源。你必須努力
   才能得到的東西。
3. **誰會幫助你**：這是某個能幫助你的人。他們可能近在眼前，
   所以不要小看任何人的價值。
4. **要做什麼**：這是你應該採取的行動，以增強牌1到牌3所代表
   的能量或是能量、資源帶來的幫助。
5. **不要做什麼**：這是「你的麻瓜自我」認為很好的主意，但
   「你的麻種自我」知道在這種情況下會適得其反。
6. **結果**：如果遵循此牌陣中的所有建議，這就是最有可能的結
   果。無論是正面還是負面，你都要找出當中的魔法。

最下面一排，即牌1到牌3，代表聚集能量（或資源），這是創造力量之錐的第一步。第二排，即牌4和牌5，專注於如何增強和放大能量。最上方的牌，即牌6，展現了如果能量顯化將會發生的事情。

6

4   5

1   2   3

牌陣69：真實魔法牌陣（達成目標）

單張塔羅牌

　　將注意力從整副牌轉移出來，試著從一張牌中尋找靈感。這很有趣，也真的很有幫助。事實上，基於塔羅牌創造一個牌陣是我最愛的事情之一。你已經看到由我的塔羅牌啓發出來的一些牌陣——回應召喚牌陣、穿越陰影牌陣、命運之輪牌陣，以及即知即行牌陣。

　　你應該要用哪一張牌呢？有許多方式可以做決定。以下是我用過的一些方法：

- **真實塔羅牌**：只需洗牌並隨機抽出一張牌即可。用你抽出的牌當作靈感。

- **跟蹤者**：塔羅占卜師有時會說有張牌在「跟蹤」他們。當一張牌不斷出現在你爲自己或他人做的占卜時，它就是跟蹤者。有時它會出現在你的夢中，有時你會在日常生活中看到使你想起那張牌的事物。當這種情況發生時，我想這意味著這張牌有留訊息給你。對塔羅牌進行冥想和記錄是深入挖掘訊息的好方法，但根據牌創造牌陣，也是一種探索深度訊息的好辦法，可以從中看到所揭露的智慧。

- **問題**：幾乎所有塔羅牌占卜師都有自己不愛的牌，或者由於某種原因而不喜歡的牌。一般常令占卜師驚恐的牌是教皇、寶劍五和寶劍七。如果有一張牌是你沒有連結，也不想和它有關聯的，那你便有理由進一步去探索它。

- **愛情**：如果有一張你喜歡的牌，你為什麼不創造一個牌陣來榮耀和慶祝它呢？

　　我有兩種基於一張牌來設計牌陣的方法。第一種方法是將牌的圖片分解成它的零件符號，就像我在穿越陰影牌陣中所做的那樣（參見第162頁）。另一種方法是不要過於關注塔羅牌的外觀，而要關注塔羅牌為我帶來的想法、感受或問題。

人生旅途牌陣

這個牌陣的靈感來自於幻影精靈塔羅牌當中的聖杯八和隱者牌（參見右頁）。這兩張牌都是關於離開某個事物、開始旅程、尋找失去的東西。當你發現自己被目前的生活束縛，渴望一些不同的東西但又不確定是什麼的時候，這個牌陣可以幫助你發現是什麼阻礙了你，你要是前進會需要什麼東西。

1～3.留下的事物：這三張牌告訴你，你要留下的是什麼，什麼不再讓你滿意了，或者是什麼在阻礙你。可能有三件不同的事，或者是三張牌共同在描述一件事。

4.原因：這張牌告訴你，你為什麼在這個時候被召喚並展開這趟旅程。

5.星星：就像隱者提燈裡一絲絲的星光，它指引著你的旅程。

6.挑戰：這張牌顯示了你將在旅途中面臨的挑戰。

7.目的地：這張牌顯示了你要前往的地方。不管怎麼說，這就是你（或你的高我）在這趟旅程想要抵達的地方。

牌4和牌5放一起解讀時，可能會形成有意思的訊息。在「你為什麼踏上這段旅途」和「照亮你道路的是什麼」之間有什麼關聯嗎？這些牌與目的地有何關係？同樣的，留下的事物和挑戰牌之間是否有關係呢？

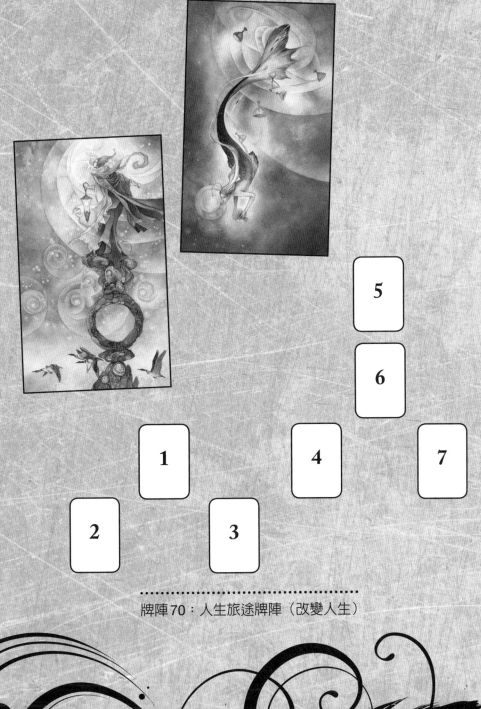

5

6

1   **4**   **7**

2   **3**

牌陣70：人生旅途牌陣（改變人生）

設定主題

　　主題是靈感的泉源。對我來說，我喜歡與季節、假日有關的任何事物，包括牌陣。生日牌陣、新年牌陣、感恩牌陣、重生牌陣、豐收牌陣，你能想到的，我都設計過。還有其他類型的主題，例如運動爲生活帶來了許多隱喻，因此是牌陣的主要素材。也許這個世界需要「第四」當進攻牌陣（譯註：這是美式足球術語）。當你離成功這麼近的時候，這將是完美的選擇。傳統的智慧告訴你要謹愼踏實行事，但一部分的你卻想要抓住這個機會。其他可能的主題包括了寵物、嗜好、電視節目、電影、書籍、食物、顏色、形狀和藝術。

豐收牌陣

　　如前所述，我喜歡關注歡慶並從四季更迭中學習成長。最近我思忖了關於豐收的概念，就隱喻來說，我們都時常在體驗豐收。在這些時期，我們似乎收穫了勞動的果實，收割了我們播種的東西，看到了投入的成果。這個生生不息的循環概念使我很感興趣。我們不僅僅只收穫一次行動的成果。這些結果在某種程度上成爲了我們下一週期的一部分，提供了一個可以輪流成長的種子。爲了進一步探索這個概念，我自然而然創造了一個牌陣。

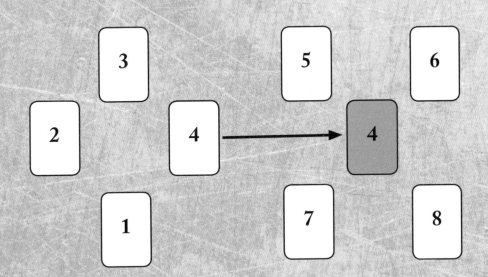

牌陣71：豐收牌陣（改變人生）

首先，洗牌並擺出牌1到牌4，然後照往常一樣解釋。接著按照指示，將牌4翻面，接著發出牌5到牌8，並予以解釋。

1：你種下了什麼。

2：你如何關心或滋養它。

3：影響成長的外部效應。

4：果實（你努力的結果）。

5：有什麼需要從收穫（穀殼）中分離出來。

6：如何歡慶（豐收）和享受當下。

7：為不久的將來需要儲存什麼（為冬天做儲備）。

8：哪些是要長期儲備的，哪些要重新投資（未來的種子）。

要把牌1到牌4當成一個週期循環來解讀，代表過去、一個特定循環的結束。這個循環的結果是由牌4表示，它成了當下的情況。再次地，代表當下的牌4，成了未來的種子。牌5到牌8代表未來，解讀時會被當成與牌4有關係。

引用名言

詹姆斯·里克勒夫（James Ricklef）為了創造牌陣，寫了根據《塔羅：擴獲整個故事——塔羅牌陣的運用、創造與

超譯》（*Tarot: Get the Whole Story: Use, Create, & Interpret Tarot Spreads*）或受這本書啓發的一種技巧。這是將名言錦句的智慧直接應用在生活中的好辦法。瑞秋‧波拉克（Rachel Pollack）在做她的智慧牌陣解讀時，也會引用箴言和其他的智慧泉源。智慧相關的解讀跟妳的男友、工作或你是否應該搬家無關。相反的，它們關乎更深層的擔憂與更普遍的眞理。眾所皆知，瑞秋會問塔羅牌：「請你告訴我，上帝創造世界的時候，你給上帝看了什麼？」或是問：「什麼是塔羅牌？」

如果你要使用名言作爲靈感，詹姆斯建議你從名言的基本元素提煉成牌的位置，然後建立一個對名言和位置有意義的布局。

有時當我遇到喜歡的名言時，我會抄寫在筆記本上，然後根據它們來創造一個牌陣。你已經看過其中一個了，就是第172頁的人生階段牌陣。以下是最近激勵我的幾則名言：

你無法說服一個人放棄他們並沒有被說服去做的事。

——強納森‧斯威夫特（Jonathon Swift）

　　心態積極的人能夠看到別人無法看到的，感
悟別人無法感悟的，完成他人無法完成的。
　　　　　——溫斯頓・邱吉爾（Winston Churchill）

　　你稍後會在「設計一個牌陣範例」的敘述中看到完整的例
子，說明一則名言佳句如何成爲牌陣。

位置的意義

　　牌陣比解讀塔羅牌的布局方式更爲重要。每一張牌要擺的
位置都是一個重點。在大多數牌陣中（但不是所有的牌陣），
每個位置都有特定的涵義。當塔羅牌上面沒有指定任何涵義
時，占卜師就會簡單地根據攤開的牌進行解讀，而不考慮位置
的定義。指不指派涵義是個人選擇，通常因牌陣而異。也就是
說，占卜師有時候喜歡賦予意義，有時則喜歡更自由的牌陣型
態。

　　如前所述，解牌就像是一首交響樂。正如你所知道的，一
張塔羅牌可以代表許多不同的東西。解讀的意義會受到所提的
問題、周遭的牌、牌陣的位置（以及它與其他牌的關係）影
響，而且還會受到位置定義的影響。占卜師的直覺以及提問者

的任何參與或反應也有助於塑造訊息。如果你選擇在你的牌陣中囊括位置的定義，你將會增加另一層影響力。這樣做是否會因為增加意涵而讓你更有自信，還是會讓你覺得更受限、不那麼自然，都取決於你的風格。如果你不確定，那就兩種方法都練習，看看哪一種更適合你。這將決定牌陣設計的一個要素：你是否會把位置的定義算進去？

發牌位置的數量

在你的設計過程中，隨著你的牌陣逐漸成為焦點，位置的數量問題可能會在兩、三個不同的癥結上獲得解決辦法。從一開始，你就知道你是喜歡一次解讀多張牌還是偏好較少數量的牌的占卜師了。我們在前面提過，有些人更喜歡憑直覺解讀，使用少少的牌，有些人則愛分析模式，因此就需要更多張牌。除了你的天性之外，你大概也知道你正在考慮的是哪種牌陣，例如集中火力快速回答一個清晰的問題所需要的牌，要比用一個牌陣來檢驗心靈旅程的最後五年更少張。

除了你天生的傾向和牌陣一般囊括的範圍外，還有一個問題是：這個特定的牌陣需要有多少個位置？

你需要多少個發牌的位置呢？你在解讀時想要用幾張牌

呢？這個答案可能會在稍後的過程中出現。但我要提醒你們唐納莉・德拉羅斯（Donnaleigh de la Rose）對牌陣的研究。她發現大多數牌陣都有四種基本的位置，儘管這些位置通常會有其他名稱：

- **過去**：也被稱為過去的影響、基礎或「什麼正在離開你的生活」。
- **現在**：也被稱為問題、疑問、挑戰或情況。
- **未來**：也被稱為結果、將會發生什麼、預測或「可能發生的事」。
- **建議**：也被稱為指引、行動階段或需要的東西。

的確，有些牌陣並沒有這些名稱。不過我願意打賭，大多數牌陣至少有一些這樣的因素。它們會這樣是有道理的。揭示過去的解讀有助於理解，甚至占卜師也知道占卜本身在正確的道路上。這驗證了你的解讀，讓每個人都對你的解讀方向有信心。了解未來（或可能的未來），是大多數人追求的目標。還有建議，嗯，這是塔羅牌給我們的一點好處，即使我們沒覺察到我們需要或想要建議。

我們已經研究了包含這四個概念的大量牌陣以及沒有結合這四點的牌陣。在這裡，你可以把它們（還有其他的東西）記在腦子裡來滿足你的創造過程。

位置的關係

你在牌陣中的位置將決定你希望牌陣揭露的內容。你想知道什麼呢？通常我們學塔羅是為了學習一些我們不知道的東西，無論那是關於可能的未來的一般訊息，或是關於一個決定的指引，還是幫忙解決一個問題。藉由釐清你的問題，確定你想要的答案有怎樣的組成部分，在你決定牌的位置時將會大有幫助。

如果你是為了回答一個問題或是獲得一個特定的訊息而創造牌陣，那麼你可以將這個問題分解成幾個部分。另外，列出你的理想答案。它包含了什麼？那裡有多少面向？有多少細節？花點時間試著想像每一種可能性。當你這樣做的時候，記住這些位置之間的關係——它們是有比較、有對比、有層次、有變化、有衝突、有階段的嗎？當你進入到下一部分「選擇布局」的時候，這些將會有幫助。

選擇布局

任何牌陣的核心當然是布局了。第二章解釋過布局的理論和設計，給了你一個不錯的起點。你可以嘗試許多選項和模式。另外，在占卜過許多不同的牌陣後，你已經看到了這些關係如何在牌陣中起作用了，如果你自己嘗試過任何一種牌陣，你就會在解讀的脈絡下駕輕就熟。

複習第二章，並考量你牌陣中的位置之間的關係。布局要如何去強調它們呢？這個布局要怎麼激發視覺來呈現問題呢？使用不同的布局會帶來不同的關係，還是凸顯不同的問題呢？它們能結合起來創造出更完整的解讀嗎？

歸納

還記得我說過牌陣設計就像指揮一首交響樂嗎？請記住這一點，並且不要採取嚴格的線性方式。這很容易看出選擇的位置將如何影響所使用的布局。然而，它也可以用另一種方式。也就是說，假設你有四個位置：一個中心位置，三個是其他位置。比如你在考慮養一隻新的小貓。到目前為止，你已經有：

1：把小貓帶回家的能量。

2：小貓會怎樣影響你的工作量。

3：小貓會怎樣影響已經跟你一起生活的兩隻狗狗。

4：小貓會怎樣影響你的孩子。

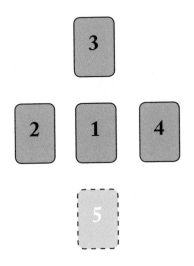

看看上面這個牌陣，你會注意到小貓在中間，其他三個位置都與牠相關。你在本書中會注意到許多類似的結構都具有五個位置，其中一個位於牌1之下，你可能想知道下面會發生什麼。什麼才有意義呢？底下的牌通常表示情況的根本問題或基礎，因此你加上了牌5：為什麼我想要養小貓？

　　這個簡單的例子說明了布局如何影響位置的選擇。透過探索不同的可能布局方式，問題可以延伸，答案也得以深化。

　　位置的數量、位置的涵義與布局，都是可以運用、四處移動和思考的元素。它們連同你的問題（或你的靈感）將會混合在一起，沾染色彩並形成最終的結果。設計牌陣既是創新也是理性的過程，讓這兩方面都發揮作用，看看你能想出什麼。

畫龍點睛

　　現在你已經布置好布局和位置，你準備要洗牌了嗎？還沒。還有一些事情需要決定。這些細節可以為你的牌陣增添潤色和技巧，並且會像影響布局或位置定義一樣影響占卜的解釋方式。混合以下這幾點到你的牌陣，可能會導致你改變了它們。別擔心，這都是過程的一部分。牌陣往往都要升級的。

數算發牌的位置

　　假設你規劃了一個簡單的三張牌線性牌陣：

　　問題是，你要按照什麼順序擺放牌？這有關係嗎？它可能在幾個層面上浮現。首先，就牌陣而言，什麼才有意義？如果你的位置是過去、現在和未來，那麼按照時間順序排列它們是有意義的：

　　但是如果它們是選項A、困境和選項B，則2、1、3的順序會更有意義：

　　主要考慮的因素是，你認為哪張牌最重要？有些占卜師說，桌子上的第一張牌是整個占卜過程中最重要的，所以他們會非常小心地擺放那張牌；其他人則認為最後擺上的牌是結果，因此是最重要的牌。就像塔羅牌中的許多事物一樣，沒有對與錯或普遍的做法。但是既然你必須為這些位置編號，那麼你也可以為這些數字賦予意義。要記住，塔羅中的一切都是象徵性的。

四面八方

在洗牌並擺上牌之前，請先決定要將它們正面朝上還是正面朝下放置。儘管這是個人喜好問題，但是如何選擇將影響占卜的解釋方式。考量一下你偏愛的原因。

那些選擇將牌面朝下擺放的人，藉由一次讀一張牌來製造懸念和戲劇性。當你的牌陣已經完成或接近完成的時候，你需要專注於正在解讀的牌，同時你也需要關注下一張牌，因為它仍然是一個謎。

那些把所有的牌都正面朝上的人，通常會使用掃描技巧，把整張牌當成一個整體看一遍，觀察花色、數字或符號方面的模式。在深入了解細節之前，這樣做就提供了占卜的整體綜覽。

第140頁的真愛牌陣練習成功地結合了正面朝上與正面朝下的牌。撼動事物總是很有意思的。一旦你了解了基本原理，你就可以嘗試打破規則來創造一種特定的經驗。

你需要做出另一個方向的決定是，是否要用到逆位牌。這個決定就像是選擇正面朝上還是朝下，通常占卜師之間一致認定要取決於個人偏好。然而，你可能會創造一些真正仰賴逆位牌的牌陣。例如第126頁瑪莉·K·格瑞爾的是非題牌陣就結合了逆位牌。

運用技巧

你要考量包括第四章中的一種（或多種）技巧。雖然你通常可以在占卜時根據需要將這些方法加進任何的牌陣裡，但你也可以將它們囊括在初始牌陣設計當中。從一開始就使它們成為占卜的一部分，這樣一來，如果使用這種方法需要對牌陣做任何修改，或者做一些小改變會使解讀更順利，你就可以提前決定加進去。

測試你的牌陣

在你認為已經完成牌陣之前，一定要試用一下。理論上說得通的牌陣可能並不是你想像的那樣。如果你需要一些方法來測試你的新牌陣，請參閱第33頁關於「使用新牌陣」的內容。

自製牌陣檢查清單

- 確定牌陣的重點（或靈感）
- 需要哪些位置
- 布局
- 數算牌的位置
- 正面朝上或朝下

・是否爲逆位

・附加技巧

・測試

設計一個牌陣範例

在這一小節，我們將逐步介紹設計牌陣的過程。我們應該更精確地去說明設計牌陣的可能過程，因爲不僅每個人都有自己的方法，而且這種方法可能每次都會有所不同。不過通常來說，你可以從一個你想要回答的問題或一個鼓舞人心的片段開始，比如一張卡片、一幅圖像、一個節日，或者在這種情況下，用一則名言。

在這個例子中，我們將引用前面提到溫斯頓・邱吉爾的箴言：

心態積極的人能夠看到別人無法看到的，感悟別人無法感悟的，完成他人無法完成的。

牌陣的焦點

爲什麼這段箴言引起我這麼大的興趣，以至於想創造一個

牌陣呢？我喜歡高瞻遠矚、克服困難和障礙，因為得之不易的
勝利使我感受到一種成就感和滿足感，這是其他事物無法比擬
的。相對而言，我總是想「完成不可能的任務」。因此，我認
為這段箴言包含達成不可能任務的公式。積極思考可以使人看
到無人能見的東西，並感受到無形無相的感覺。如果你能做到
這一點，你就能實現不可能的事情。根據邏輯的規則，這並不
是它確切的意義，但這並不重要。這是一段鼓舞人心的箴言，
可以激發我的創造力。我要據此做點什麼，而不是受它束縛。

　　我將這個想法分解為以下部分：

- **主要的焦點**：成為心態積極的人
- **心態積極的結果：**
  * 看見無人能見的事物
  * 感受無形無相的感覺
- **結果**：達成不可能的事情

　　這種拆解使其擴散成四個牌陣的位置。我已經在思考布局
的主意了。四個位置往往會形成一個圓圈，但我在這裡看不
到有哪個圓圈／循環對我有用。雖然人們可以肯定地說，這

個「過程—思考—感受—實踐」就是一個循環，但我並不喜歡圓圈的形式。這也是一種發展，適合線性模式的牌陣。但是，不，那也不是我想要的。

位置的數量和布局

最近，我喜歡十字形狀的排列。那意味著我需要另一個發牌的位置。你看不見它，但是事情正在發生，並在我的腦海中滴答作響。這個過程就像是一首交響樂。就在那電光石火一瞬間自動發生了。這是我到目前為止的成果：

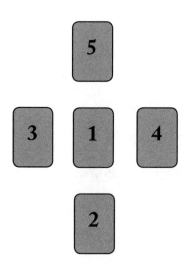

牌陣72：完成不可能的任務牌陣（達成目標）

1. **主題**：我目前正在從事的項目。

2. **思考**：我應該專注在哪一種正面思考方式呢？

3. **無人能見之物**：有什麼是我看不出來的嗎？

4. **無人覺察之物**：有什麼無形的能量能啟發我呢？

5. **不可能之事**：我能做到什麼超出我想像之外的事情嗎？

這是我可以在任何主題中使用的牌陣，它不僅可以幫我做到我能想像出最好的結果，而且可以比我最初設想的更棒。這個主題是本次解牌的重點。其他的牌都得對照中央的牌來解讀。牌2-1-5這一行顯示了從思考到計畫，再到可能性的過程。牌3-1-4這一列顯示了可以混在一起創造結果（也就是牌5）的三個零件。

牌陣的編號

你會注意到我已經編排了牌陣的編號。編號順序遵循箴言和我的邏輯。牌1是整個過程的起點。牌2是為這個主題加足馬力的第一步。牌3與牌4是箴言的下一段，它們就附加在主題的旁邊。而牌5當然就是結果，所以它是最後的牌。

畫龍點睛

我通常的做法是將牌正面朝上，但我認為在這裡這樣做沒有任何好處或象徵意義，因此我按兵不動。

因為當看似否定的牌出現在牌5（這是不可能的位置）時，我可能會感到困惑，所以我將加上一個技巧。當我翻牌的時候，我會照往常一樣攤開牌1到牌4。接著我會在位置五發三張牌，正面朝下，然後把牌5擺上，正面朝上。如果牌5看起來沒有意義，它的下方有三張牌可作為補充牌。這是一個使用牌疊技巧的範例。把補充牌可能用得上也算進去，並不意味我每次都要用補充牌；這只是表示如果我需要時，我就有選擇。

為牌陣命名

最後，這個牌陣需要一個名稱。為事物命名可以跟它產生連結，某種程度上是可以掌控它的。一個名字能賦予某件事物能量，並且加上焦點。你會注意到許多牌陣，尤其是比較早期的牌陣是以其形狀而非用途來命名的。就這個牌陣，我會想要

異想天開大膽地稱它為「完成不可能的任務」牌陣。

　　創造這樣的牌陣並不需要很長的時間。它並不複雜。事實上，當你把大部分的活動拆解，一次做一個步驟時，它們都是非常簡單的。並不是所有的塔羅占卜師都會把事情拆解開來，然後一步步呈現。在下一章，我們將讀到關於一位老師和一個強迫塔羅學生躍入深淵的牌陣。

7
如何做七十八張牌的解讀

妮兒・晨星（Nell Morningstar）是明尼蘇達州聖保羅市的一位塔羅占卜師兼教師，我曉得她是露薏・皮埃（Louie Pieper）的學生。露薏是雙子城很有名氣的占卜師和教師，遺憾的是她已經過世了。我問妮兒是否願意教我露薏著名的牌陣。令我高興的是，妮兒同意了，並且開始解釋這個牌陣的歷史。她的眼睛裡一直閃爍著調皮的光芒。

露薏長期以來一直是明尼蘇達州形而上學的一份子。她於一九七九年開設了她的書店——暮星圖書（Evenstar Books），至今已有數十年的歷史了。關於露薏的故事，包括了她不能戴手錶，因為手錶總是會壞掉，無法在她的手腕上計時。另一個則是她喜歡占卜。但是她需要大型牌陣，因為她認為如果她手裡仍然有牌，那就還沒有做完占卜。人們說，如果有人不停地將牌遞進露薏手裡，她就會繼續不斷解讀。

露薏說，這個沒有確切名稱的牌陣，是因為她記不得一些金色黎明的老牌陣的結果。相反的，她只是根據她所記得的原本牌陣來發明自己的方法。

露薏傳授給包括妮兒在內的學生們的新傳統就此開始了。妮兒現在把這個傳統傳承給了我。但這就是你可能不會得到妮兒教我的牌陣的原因：教牌陣的人只會展示給學生看一次，並

且教得非常快。我有時間做一點筆記，但它是個非常複雜的牌陣，所以寫到後面，筆記是沒有用的，既混亂又難以辨認。學生運用牌陣的核心，以及他們記下的任何東西作為基礎，最終將成為他們自己專屬的七十八張牌牌陣。這豈不是一個很有意思的概念嗎？

在開始之前，妮兒分享了她對洗牌與保養牌的想法。每次占卜完，她會把所有的牌都直立擺放（不一定要按照數字順序，只是要確保沒有逆位牌），重新調整牌的位置。這是她讓牌「中立」的方式。在收納之前，她會選擇一張放在上方和放在底部的牌。她並不是每次都選同樣的牌，只要她覺得合適就行了。有時候我們並不想要一張特定的牌，比如寶劍十。對於妮兒來說，上方和底部的牌設定了一種意圖，因此它也可能是一個不錯的選擇。

許多塔羅占卜師會把牌遞給提問者並說：「你想怎麼洗牌就怎麼洗。」妮兒表示，一些提問者會感到不確定或似乎不曉得如何洗牌，所以她便向他們示範如何洗牌，這樣他們就可以放鬆進入活躍的冥想之流。除了向提問者展示如何洗牌好讓他們寬心之外，妮兒總是出於另一個原因先洗牌——洗牌是她「喚醒塔羅牌」的方式。

　　許多塔羅占卜師也會要求他們的客戶專注於問題或是情況。妮兒反而是跟提問者閒聊。如果他們說不能集中注意力，她會回答說那很好。她不要他們把意念投注到牌上。實際上，在這一點上，提問者根本不是在問一個問題。她反而告訴他們要相信自己的雙手。塔羅牌正在教他們如何洗牌，以及如何知道何時停止。如果妮兒有個座右銘，那就是：「塔羅牌正在教你。」

　　完成洗牌後，提問者用非慣用手將牌分成三疊，然後把它們放回一起。還記得我之前說過所有塔羅牌都是象徵性的嗎？妮兒也這麼相信。這三疊牌設定了事件發生的時間，分別代表過去、現在和未來。三是女神的數字，這對妮兒的方法是非常重要的。使用非慣用手代表著潛意識和感受力。

　　這個牌陣始於賽爾特十字，儘管有些位置的解讀與傳統不一樣。妮兒也使用一張指示牌（從牌的上方拿取，不挑牌），那是一張面朝下的牌，以及一張十字交叉的牌來形成十字架的核心。位置的涵義是有意模糊的，這提供了足夠的框架，以合乎邏輯的方式來解釋牌陣，但又足夠寬鬆，讓占卜師的直覺自由發展。

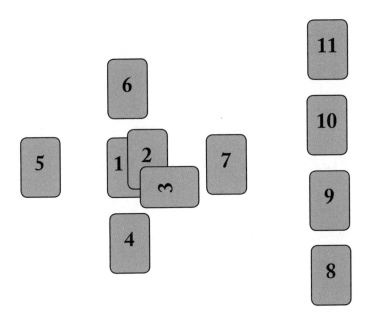

1. 提問者。

2. 幫助提問者的事物。

3. 阻礙提問者的事物。

4. 根源：可以在過去看到的深層內在事件，已經非常融入到提
   問者身上。

5. 不久的過去：大約六週或是一、兩個月前。

6. 理想：意識心，提問者的想法、他們的考量。

7. 未來：大約六週或一、兩個月後；這是很難改變的，因為它
   將要發生且更加明確。我們對未來的展望愈長遠，看法愈不
   明確就愈容易改變。

8. 功課或課題：這通常與十字架中心所揭露的事物密切相關。

9. 資訊：提問者從她的環境中得到了什麼。

10. 態度：在所有的牌當中，這是最容易改變的。

11. 將會發生什麼。

　　妮兒在前十一張牌中解讀了幾個三張牌牌陣。牌5、牌1、牌2、牌3和牌7顯示了過去、現在與未來。牌4、牌1、牌2、牌3和牌6代表了這個人的一種支持，從底部——他們的潛意識開始，透過他們的人格和意識心往上移動。

　　在解釋完這些牌之後，妮兒在牌11附近放了兩張牌，即牌12和牌13，在左邊形成了一條弧線。這三張牌在一起展示了從現在起的三個月後會發生什麼事。

　　另外兩張牌，即牌14和牌15，在牌6的旁邊排成一條弧線，向左移動。這些被視為在四個月內會發生的事件。是的，妮兒知道牌6已經被詮釋為提問者的理想狀態。她不僅使用所有的七十八張牌，還讓它們有多重任務。如果你相信一個人的理想、焦點或是意圖創造了未來，這就說得通了。當你試著這麼做的時候，請記住這一點，看看牌6如何與牌14和牌15串聯起來，並且展現出來。

　　牌16到牌19放在牌5的左邊，是右邊柱子的鏡像。這些牌顯示了六個月後的事情。

牌20到牌26按照對角線排列，如牌陣73所示，它們代表接下來的九個月，通常包括了提問者生活中需要關注或是和解的一、兩個選項。

牌27到牌33映照最下面的對角線，顯示出從現在開始九到十二個月的期望。

這些牌都擺上占卜桌後，妮兒就花時間去看主題、趨勢和人生課題。在角落、中間的牌組，以及最後擺出的那張牌（牌33），在她解釋這組牌時具有特殊的重要性。

已經發了三十三張牌，但妮兒手裡還有四十五張牌，其中包含未來十五個月的事件。她在前三十三張牌上面，一次發出了三張牌。最後，有三列三張牌牌組，以及真的相當凌亂的占卜桌。（譯註：這三列並沒有畫在牌陣圖裡，作者的意思是把剩下的四十五張牌變成三列，總共十五行的牌，一行就是代表一個月的運勢。）

在綜覽兩年半的未來之後，妮兒收起牌，並在提問者面前將它們正面朝下，以扇形攤開。如果提問者有任何特定問題，現在便是時候了。妮兒邀請提問者提出問題並抽出三張牌，她用那些牌來回答這個問題。有時提問者沒有問題，因為大牌陣已經全都回答了。妮兒的一些常客會提出一個又一個的問題，

直到所有的牌再次用完。

這就是我記憶中的牌陣了。我無法保證這個牌陣就如妮兒示範給我看的一樣，但這才是重點──我們全都是把它變成了自己的東西。現在就來試一試，讓它成爲你自己的牌陣。

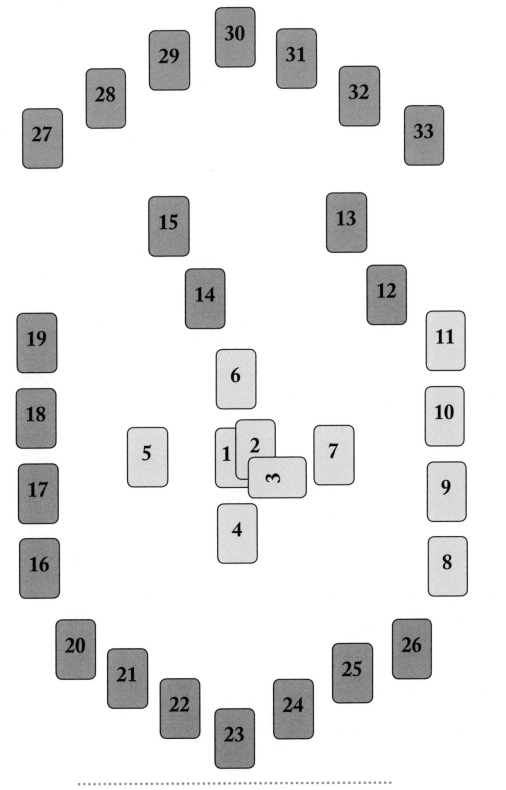

結語

　　身為塔羅占卜師，我們承認我們的牌是重要的工具。就像所有優秀的工匠與職人一樣，我們曉得愈是了解我們的工具，我們使用它們的效率、成效和創造性就愈高。所以我們研究我們的牌。我們學習所有符號，以確保我們了解各種對應關係，並與它們建立關係。現在，我們用我們的另一套工具也做了同樣的事──我們的牌陣。

　　如果設計得當，牌陣應該是有意義的。它們應該包括基本的設計原則，這些原則是立基於我們的眼睛和大腦如何共同創造世俗上的意義。它們使解牌更容易。簡言之，這使我們像占卜師一樣冰雪聰明，使我們可以更清晰地表達占卜的訊息。

　　現在，你可以比以往任何時候都更善加運用自己喜歡的任何牌陣。任何未完美切中你的需求或風格的牌陣都可以改編。如果你想要的話，你可以在任何時刻自訂一個牌陣。

　　牌陣的世界讓我著迷，我希望與你分享其中一些樂趣。無論你喜歡什麼種類的牌、無論你選擇什麼牌陣、無論你運用什麼技巧，願你所有的占卜都充滿真理。

【附錄一】
依主題檢索牌陣

註：本附錄中的頁數索引直接引用到牌陣文字開始的地方。

完成目標

建議

在兩者之間做選擇

做決策

情感動盪

健康概述

人生轉變

人生綜覽

解決問題

關係

靈魂旅程

是非題

【附錄二】
稀奇古怪的老牌陣

　　這個附錄有兩個讓我著迷的老牌陣。就像一九五五年《命運雜誌》的是／否神諭牌陣（參見122頁），這些牌陣都很稀奇，跟它們一起工作也十分有趣。任何老派的做法或牌陣都有一定的優勢。首先，它具有神祕感，這對許多人來說是解牌時的額外收穫。我們邏輯型、活躍的方法常常使我們漏掉了那些令人敬畏的體驗，因為我們的頭腦太清醒、我們的靈魂迷失了。第二，任何事物，無論是一種牌陣、一個法術、還是一種儀式，經過多年的重複都會獲得力量。這些牌陣即使現今對我們來說似乎很麻煩，但其權威性只會隨著時間的流逝而獲得。

　　為了保留牌陣的魅力，我保留了原始措辭。為了便於使用和理解這些牌陣，我的註解將放在方括號裡。

一八八八年塞繆爾・麥格雷戈・馬瑟斯（Samuel L. MacGregor Mathers）的古老牌陣

　　黃金黎明的創始人之一塞繆爾・麥格雷戈・馬瑟斯，撰寫了幾本有關塔羅牌的書。其中一本書名簡明地取為《塔羅牌》（*The Tarot*），書中包括對牌的簡短心靈探索以及關於算命的部分。在解釋如何演示任何牌陣之前，馬瑟斯解釋了如何準備占卜：

　　「提問者應該仔細洗牌，同時考慮兩件事情：首先，讓一些牌逆位；其次，徹底改變它們在牌堆中的位置與順序。接著應該切牌。在洗牌加上切牌的過程中，提問者應該認真想一想他迫切想要知道的事情；因為如果他不這麼做，塔羅牌就很難正確解讀。這種洗牌加切牌的過程應該要重複三次。」

　　〔我發現很有意思的是，馬瑟斯告訴他的讀者，把牌義寫在牌的頂端，把逆位的意思寫在牌的底部。然後他為每張牌列出了一串關鍵詞，有正有反，他聲稱這些關鍵詞在回答各式各樣的問題時都很管用。〕

　　「整疊七十八張牌第一次正式洗牌和切牌，處理桌面上方的牌，我們會稱之為B，在另一個地方的第二部分，我們會稱之為A。（這些將會形成兩堆牌，即A和B，整副牌都處理好

了。）」

〔我認爲這種奇怪的洗牌法只是爲了促進一種冥想狀態。
然而，我從凱特琳‧馬修斯（Caitlin Matthews）那裡理解到，
像這樣的方法是在時間中篩選的象徵——過去、現在和所有未
來的可能性。這種想法使得該做法更具有詩意和意義。〕

「然後在B上面發第三張和第四張牌，在A上面發第五張
牌；第六和第七張牌在B上，第八張牌在A上；第九和第十張
牌在B上，第十一張牌在A上。繼續執行這個做法，發兩張牌
放在B上，在A上發一張牌，直到發完底牌爲止。然後，A將
包含二十六張牌，B將包含五十二張牌。」〔末了，你將最後
一張牌發到B這一疊上。〕

「現在拿走B疊的五十二張牌，在我們稱爲D的新位置
分發第一張牌，在另一地方C發第二張牌，這將形成兩個新
牌堆的起始點，即C和D。」〔你將在D疊上發兩張牌作爲結
束。〕

「然後把第三張與第四張牌發到D上，第五張牌發在C
上，第六張和第七張牌發在D上，第八張牌發在C上，以此類
推，完成這五十二張牌。現在將出現三疊牌：A有二十六張
牌，C有十七張牌，D有三十五張牌。」

「再次拿起有三十五張牌的D牌堆，將最上面的牌放在新的位置F上，將第二張牌放在另一個地方E上，這樣就形成了兩個新的牌堆，即E和F。現在把第三張和第四張牌發到F上，第五張牌發到E上，以此類堆，完成這三十五張牌。」〔你將把最後一張牌發到E疊上作爲結束。〕

「現在總共有四疊牌：A有二十六張牌，C有十七張牌，E有十一張牌，F有二十四張牌。將F放在一旁，因爲這些牌將不會在占卜中使用，並且與問題無關。現在將保留A、C和E。」

〔馬瑟斯聲稱E將有十一張牌，F將有二十四張牌，但是我按照他的建議嘗試了無數次發牌，每次都得出E的數字爲十二，F的數字爲二十三。 最後，我放棄了嘗試符合他的數字，只使用了十二和二十三。〕

「取A，從右到左，正面朝上，排列二十六張牌（注意勿改變順序），使它們呈馬蹄形，頂部的牌在最低處的右下角，第二十六張牌在最低處的左下角。如前所述，從右到左解讀它們的涵義。」〔在此，馬瑟斯的意思是使用他在書中先前提供的定義。〕在這麼做的時候，可以取第一張牌和第二十六張牌來解讀綜合的意涵，然後是第二張牌和第二十五張牌，以此

類推，直到你找到最後一對牌，也就是第十三張牌和第十四張牌。將A放在一旁，以完全相同的方式解讀C，接著最後解讀E。」

記下來有多少古老牌陣是從右到左解讀，是非常有意思的。今日，大多數占卜師都是從左到右解讀。我確實喜歡這樣的想法：按照馬瑟斯的建議，先以一種形式解牌，然後以另一種形式解牌。在解讀弧形牌陣之後，我把它們移動成一對對。因為這種牌陣是為了回答單一問題，或提供關於特定情況的資訊，所以這種方法對我來說完全用掉太多張牌了。這就說明了一些問題，因為我通常喜歡用很多張牌。

相反的，在嘗試了幾次馬瑟斯的版本後，我喜歡我自己開發的這個簡化版本，並將它稱為「現代改良版馬瑟斯牌陣」，這是一個分為兩部分的單一牌陣。

1～3：過去
4～6：現在
7～9：未來

5

4   6

3   7

2   8

1   9

牌陣74：現代改良版馬瑟斯牌陣（第一部分）

5

4　　　　　　　　6

3　　　　　　　　7

2　　　　　　　　8

1　　　　　　　　9

牌陣75：現代改良版馬瑟斯牌陣（第二部分）

按照下面的順序解讀塔羅牌，然後將牌分成兩組，如下所示：

5：提問者的影響

每對（1和9、2和8等）：影響情況的因素

有趣的是，當相同的牌位於不同的位置時，如何能夠就個別差異來解釋。第一部分著眼於情況。當然，特別重要的是可能的未來。第二部分將焦點轉移到提問者，以及他或她可以採取什麼行動來影響、促進或改變未來。

從一九七二年瑞絲遊戲（Reiss Games）出版的《塔羅牌》預測牌陣

當你要問某個問題是否會通過以及結果可能是什麼時，請使用這個牌陣。

洗塔羅牌對成功解牌非常重要。提問者永遠都要洗牌，如此，他將自己的個人「碰觸」放在牌上，並在塔羅牌和他的潛意識之間建立了和諧的關係。請花上該花的時間徹底洗牌，直到這副牌「感覺對了」。

| 6 | 5 | 4 |

| 3 | 2 | 1 | 9 | 8 | 7 |

| 15 | 14 | 13 |

| 12 | 11 | 10 |

牌陣76：預測牌陣

用左手將牌切成三疊，每一疊都各自洗牌，最後根據需求將它們隨意變成一疊。重複此過程三遍。所有的牌不必都保持相同方向。接著把牌交給占卜師。

提問者按照上述方式洗牌，把注意力集中在一個關於他未來的問題上，然後由他隨機抽出十五張牌。

占卜師拿走這十五張牌，按照指示的順序，牌面朝下擺放。

接下來，占卜師按照以下順序翻牌：

- 翻開牌1、2、3：這些代表提問者當下的環境。
- 翻開牌4、5、6：這些代表提問者的問題要素。
- 翻開牌7、8、9：這些表示需要克服的障礙。
- 翻開牌10、11、12：這些暗示了即將發生不可抗拒的後果。
- 翻開牌13、14、15：這些表示提問者可以期望實現的目標。

注意：聖杯九被稱為「如願牌」。如果提問者的問題涉及願望，並且這張牌出現在位置1到6，表明

該願望會早日實現。如果如願牌出現在位置7、
8或9中，則願望可能不會實現。如果它出現在
牌10到牌15中，則願望將被推遲，但最終會實
現。若這張牌沒出現在十五張牌之內，就沒有顯
示出時間的資訊了。

　　當然，你可隨意採用自己的做法。然而，一定要嘗試幾次
洗牌技巧。這種有節奏的動作創造了一種有趣的冥想狀態，我
發現這對解讀很有幫助。

　　許多更古老的牌陣包含了預測一個願望是否會實現，通常
是藉由如願牌（聖杯九）來註記的。我確實喜歡那種古樸的做
法，但並非所有占卜師都愛。實際上，這種做法可以改進並且
變得對我們更有用。不要把它當成如願牌來解讀，而是把它
（或其他你想要指定的牌）當成時間牌來用。如果問題涉及任
何時間安排，請指定時間框架到不同的位置，或是這個牌陣的
區塊，或者是任何你用的其他牌陣。

　　對於那些使用元素生剋或對嘗試元素生剋感興趣的人來
說，這種牌陣很適合實踐。

【附錄三】
元素生剋問題

　　在解讀時應用元素生剋很簡單。在解釋一張牌時，請考慮它旁邊的牌。使用下面描述的元素關係，將結果編織進去塔羅牌的意義當中。

　　例如，假設我們正在看聖杯三（一種自發的、意想不到的歡樂或快樂），旁邊是權杖五。從技術上來說，它是五號牌或其他任何數字牌都沒有關係。重要的是元素。在這個例子中，它是權杖，或是火元素。權杖／火元素是聖杯／水元素的對立面，因此會使這張牌衰弱。自發的快樂或喜悅不會像聖杯三可能的那樣快樂或喜悅，它會因為權杖／火元素的存在而衰退或是減弱。

　　思考元素生剋的一種方式是把一張牌看成一個單詞，旁邊的牌是修飾語。修飾語可以強化涵義，例如書寫時會畫底線或添加驚嘆號。修飾語還可以藉由在句子中添加「有一點……」或「不怎麼……」來減少影響。

- 相同元素的牌可以彼此強化。

- 權杖（火元素）和寶劍（風元素）都被認爲是活躍的，並且相互支持。

- 聖杯（水元素）和金幣（土元素）都被認爲是被動的，能相互支撐。

- 權杖（火元素）和聖杯（水元素）相衝突，並且會彼此削弱。

- 寶劍（風元素）和金幣（土元素）相衝突，並且會互相削弱。

- 權杖（火元素）和金幣（土元素）彼此之間的影響很小。

- 寶劍（風元素）和聖杯（水元素）彼此之間的影響很小。

　　當一個元素強化時，並不總是意味著它是一種肯定的情況。這表示無論這個經驗是肯定的還是否定的，將會變得更強烈或強化。

　　火元素和風元素被視爲積極活躍的。這意味著這股能量是積極活躍的——它移動、創造、行動；它也代表迅速的行動。

也就是說，如果存在這種能量，它就會四處移動，使事情發生並且發生得很快。

水元素和土元素被視為被動的。也就是說，這股能量是消極被動的——它是靜止的、是反射的、是定型的；它也暗示著緩慢的行動。消極被動的能量等待某事發生（因此產生了緩慢的概念），然後有所反應。

當水元素與火元素或風元素與土元素同時存在時，兩者的力量都會減弱。它們是對立的，會相互對抗，造成衝突的能量，並將在情況中獲得求證。

火元素與土元素或風元素與水元素的結合，被認為是中性的，它們彼此之間幾乎沒有影響。

【附錄四】
指示牌

　　指示牌是在解讀時用來表示提問者的牌。這是一種非常傳統的做法，也是現代占卜師之間的巨大爭議來源——關於選擇指示牌的方法，以及它們一般的效用（或者是不要用它，這取決於你的觀點）。在本附錄中，我將列出一些選擇指示牌的傳統方法，以及一些我使用的方法。首先，我將解釋有關指示牌的一些顧慮。

　　在傳統的解讀中，會將指示牌從整副牌上移開並放在牌陣的一邊。據說它是一個焦點，儘管一直不清楚到底應該如何使用它。因此，現代占卜師認為在解讀過程中，唯一使用到指示牌的，就是毫無緣由的從牌堆中取出牌。根據你選擇指示牌的方法，可能會重度影響到解讀。

　　例如，最古老的方法之一是始終將女祭司用於女性提問者，魔術師則用於男性提問者。許多現代占卜師會認為每次為女性解讀時都把女祭司牌拿出來是很荒謬的。不過有一個簡單的解決方案，那就是只拿其他副牌的女祭司或魔術師即可。

有一些方法是取決於提問者的外表或生日來決定指示牌。

年齡

要將年齡作為一種方法，請使用下面的清單來選擇合適的宮廷牌階級，然後從跟當事人的性格最匹配的宮廷牌階級中挑選：

- 侍衛：小孩或是年輕女子。
- 騎士：年輕男子。
- 皇后：成熟女人。
- 國王：成熟男人。

外表

- 權杖：金髮，有藍眼睛和白皙皮膚。
- 聖杯：淺色至中間膚色，淺棕色頭髮，藍色或淡褐色眼睛。
- 寶劍：橄欖色皮膚，深色頭髮，淺色眼睛。
- 金幣：深色皮膚，深色頭髮，深色眼睛。

星座

- 權杖：白羊、獅子、射手。
- 聖杯：巨蟹、天蠍、雙魚。
- 寶劍：雙子、天秤、水瓶。
- 金幣：金牛、處女、摩羯。

性格

- 權杖：火熱、熱情、精力充沛的人。
- 聖杯：感情強烈、具創造力、敏感的人。
- 寶劍：知識分子、有邏輯的人。
- 金幣：腳踏實地、務實的人。

挑選指示牌的方法

當我充分使用指示牌時，我有兩種選擇的方法。

首先，我對許多事情的預設立場是相信塔羅牌。我並沒有提前決定並藉由塔羅抽出一張牌，而是讓塔羅牌自己選。我像往常一樣洗牌並發牌，讓發出的第一張牌作爲指示牌。

如果提問者傾向積極參與解讀，那麼我的第二種方法效果很好。我會把塔羅牌遞給他們，並邀請他們查看所有圖片。接

著，我請他們拿出一張他們認為現在代表自己的牌，那就是作為指示牌的牌，它可以告訴你一些有關他們對自己感受的訊息，尤其是在解讀關係時。

有時解讀的結果不盡如人意。在這種情況下，就要討論指示牌在創造結果中的作用。讓提問者選擇另一張指示牌，它代表可以改善結果的人或能量類型，然後討論提問者可以採取哪些行動步驟來引導或激發他或她生命中的能量或特質。

如果你有不介意加入使用的牌，或者弄丟一張牌而無法將這副牌用於解讀，請讓提問者從這副牌中選擇他們的指示牌。解讀完之後，讓他們把它帶回家，以提醒他們所學到的知識。

指示牌並不一定是一個毫無用處的概念，使我們把它當作一種少見的歷史做法而放在一邊。無論我們使用什麼技巧，或者無論我們決定如何使用指示牌，都是（或者應該是）我們所相信之事的反映（或象徵性的行為）。記住，塔羅牌的一切都是象徵性的，應該以你對世界如何運轉的信念為基礎。

如今，大多數占卜師認為提問者對他或她生活中的事件有影響力（一般來說）。如果這對你來說屬實，那麼，是的，這個提問者是解讀中最重要的元素。甚至名字 —— 指示牌的名稱 —— 也引起了共鳴，在他或她自己的牌陣中至關重要。

如果你相信提問者是舉足輕重的，並在他或她自己的生活中扮演著有影響力的角色，你就不會把代表提問者的牌放在一旁，僅僅當它是一個焦點，冷眼旁觀其他的行動。相反的，這個提問者的能量是由這張牌代表的，會明顯地影響牌陣中的每一張牌。

出於這個原因，當我使用指示牌時，我把那張牌移到牌陣中每一張牌的旁邊，並且成對解讀。成對的牌和單張的牌，解讀方式不一樣。藉由解讀所有牌與指示牌之間的關係，我們將提問者的能量、力量和影響涵蓋到那張牌當中。再者，之後我們可以看到其他牌如何影響提問者。

無論你對指示牌做出什麼決定，首先要衡量你的信念，讓你的決定融入並且反映它們。你要清楚身為占卜師的目的和解讀的目的。使用（或不使用）指示牌，都應該對這些目的有最好的支持。就像牌陣一樣，這個決定應該會讓你身為占卜師的工作更輕鬆。

【附錄五】
延伸閱讀書單

- 《塔羅牌陣快易通》（*How to Use Tarot Spreads*）

  席維亞・亞伯拉罕（Sylvia Abraham）著

  書中有三十多種塔羅牌陣。說實話，我不喜歡這本書中的牌陣。但是，作者提供了其中許多牌陣的解讀範例。初學者或是那些尋求解牌指引的人，可能會發現這是有用的。

- 《塔羅語言的祕密》（*The Secret Language of Tarot*）

  露絲・安・安柏史東（Ruth Ann Amberstone）和瓦爾德・安柏史東（Wald Amberstone）著

  露絲・安和瓦爾德對塔羅牌中常用的符號進行了有趣的研究。從理論上講，它們可以與任何一副牌一起使用，但它是基於偉特牌的系統。對於研究解讀塔羅視覺方面的人來說，這是一個很好的指南，因為它有助於識別視覺和符號模式。

• 《通靈塔羅牌》（*Psychic Tarot*）

南希・安特努奇（Nancy Antenucci）和梅蘭妮・霍華德（Melanie Howard）著

南希和梅蘭妮向塔羅占卜師展示了如何利用直覺來解讀，以及如何增強他們的通靈能力。解讀塔羅牌是分析與直覺之間的平衡。關注塔羅牌牌陣的鋪陳以及符號，用你的心靈能力去平衡它們。

• 《塔羅理論與實踐》（*Tarot Theory and Practice*）

莉・德・安吉爾斯（Ly De Angeles）著

書中包含基本的牌義以及一個非常有意思的方法來進行完整的解讀。作者的牌義是基於偉特牌，但可以使用任何塔羅牌進行占卜。對於那些希望形成一種固定解讀模式而非回答提問者問題的人來說，這是一個很好的範例。

• 《簡易塔羅解牌》（*Easy Tarot Reading*）

約瑟芬・埃勒蕭（Josephine Ellershaw）著

對於占卜師如何織就塔羅牌的涵義，使其變成天衣無縫又有效的解讀，有個奇妙的解釋。如果你想在資深塔羅占卜師的腦海中窺視一下，此書正好可以讓你這樣做。

- 《塔羅牌陣21式》（*21 Ways to Read a Tarot Card*）

  瑪莉・K・格瑞爾（Mary K. Greer）著

  這是一本加深你對塔羅牌理解的好書，適用於任何牌陣。它為塔羅牌提供了分析、直觀和創新的方法。這是我最愛的書之一，我百讀不厭。不過，我從來沒有從頭讀到尾過。我浸淫遨遊其中，用實戰來激發我的創意。

- 《塔羅解碼》（*Tarot Decoded*）

  伊麗莎白・海茲（Elizabeth Hazel）著

  如果你有興趣了解有關元素生剋和對應的更多資訊，本書是一個絕佳的資源，它能用在任何類型的塔羅牌上。我發現書中的內容很難理解，希望能寫得更簡單明瞭些。然而據我所知，這是市面上唯一一本對這類題材處理得如此徹底的書。

- 《塔羅101》（*Tarot 101*）

  金・哈根斯（Kim Huggens）著

  對於那些喜歡設定目標並努力實現有價值之事的人來說，這是一門絕佳的完整課程，能研究塔羅牌和深造更深層的牌義。作者採用獨特的方法，根據意義相似的程度將塔羅牌分類，而不是用數字的順序。這反映了我有多喜歡設計牌陣，將相關的東西放在一

起。本書能用在任何類型的塔羅牌上。

•《塔羅日記》（*Tarot Journaling*）

柯琳‧肯納（Corrine Kenner）著

這本書已經絕版，但是如果你喜歡寫手札，可以去找二手書來讀。書中充滿了出色的日記點子。它的形式是基於賽爾特十字牌陣，這不是我最愛的牌陣，但是因為內容很精采，我就不計較了。

•《用塔羅開啟創意寫作之路》（*Tarot for Writers*）

柯琳‧肯納（Corrine Kenner）著

無論你是想寫書還是想享受塔羅牌的樂趣，本書都是很好的創意泉源。它對於那些想要發揮自己創造性的一面且本身是邏輯分析型的人特別管用。

•《力量塔羅牌》（*Power Tarot*）

崔西‧麥格雷戈（Trish MacGregor）和菲莉絲‧維加（Phyllis Vega）著

這是一本比較舊的基礎入門書。多年來我一直喜歡它的原因之一是，書中有一百多個牌陣。如果你得到這本書，就試著將你在書

中學到的一些工具用在力量塔羅牌的牌陣上。

- ## 《榮格與塔羅：一趟原型之旅》

  （*Jung and Tarot: An Archetypal Journey*）

  莎莉・妮可爾斯（Sallie Nichols）著

  這是我最早擁有的塔羅書之一。這本書有三百五十幾頁，是對所有塔羅牌的心理學檢視。書中只有一個牌陣——九張牌神諭牌陣，在我剛開始解牌那幾年，這個牌陣是我的最愛。絕對值得一試。

- ## 《塔羅牌的智慧》（*Tarot Wisdom*）

  瑞秋・波拉克（Rachel Pollack）著

  這是瑞秋一生學習、探索與沉思塔羅牌的迷人旅程。讓我們面對現實吧……這是瑞秋歷來最好的書了。你絕對不會錯的。

國家圖書館出版品預行編目（CIP）資料

塔羅牌陣全書：活用76種牌陣，解讀能力大升級／芭芭拉·
摩爾（Barbara Moore）著；Sada譯. -- 初版. -- 臺北市：
橡實文化出版：大雁出版基地發行，2022.01
　面；　公分
譯自：Tarot spreads : layouts & techniques to empower
　　　your readings
ISBN 978-986-5623-33-3（平裝）

1.占卜

292.96　　　　　　　　　　　　　　　　　　110018394

BC1101

塔羅牌陣全書：活用76種牌陣，解讀能力大升級
Tarot Spreads: Layouts & Techniques to Empower Your Readings

作　　　者	芭芭拉·摩爾（Barbara Moore）
譯　　　者	Sada
責任編輯	田哲榮
協力編輯	劉芸蓁
封面設計	小草
內頁構成	歐陽碧智
校　　　對	蔡函廷

發 行 人	蘇拾平
總 編 輯	于芝峰
副總編輯	田哲榮
業務發行	王綬晨、邱紹溢
行銷企劃	陳詩婷
出　　版	橡實文化 ACORN Publishing
	地址：10544臺北市松山區復興北路333號11樓之4
	電話：02-2718-2001　傳眞：02-2719-1308
	網址：www.acornbooks.com.tw
	E-mail信箱：acorn@andbooks.com.tw
發　　行	大雁出版基地
	地址：10544臺北市松山區復興北路333號11樓之4
	電話：02-2718-2001　傳眞：02-2718-1258
	讀者傳眞服務：02-2718-1258
	讀者服務信箱：andbooks@andbooks.com.tw
	劃撥帳號：19983379　戶名：大雁文化事業股份有限公司

印　　刷	中原造像股份有限公司
初版一刷	2022年1月
初版四刷	2023年8月
定　　價	480元
I S B N	978-986-5623-33-3

版權所有·翻印必究（Printed in Taiwan）
如有缺頁、破損或裝訂錯誤，請寄回本公司更換。

"Translated from" TAROT SPREADS: LAYOUTS AND TECHNIQUES TO EMPOWER YOUR READINGS
Copyright © 2012 by BARBARA MOORE
Published by Llewellyn Publications Woodbury, MN 55125 USA. www.llewellyn.com through Big Apple
Agency, Inc., Labuan, Malaysia. Traditional Chinese edition copyright © 2022 Acorn Publishing, a division of
AND Publishing Ltd. All rights reserved.